VAN GOGH

Colección
Grandes Biografías

© EDIMAT LIBROS, S.A.
C/ Primavera, 35 Pol. Ind. El Malvar
Arganda del Rey - 28500 (Madrid) España
www.edimat.es

Título: *Van Gogh*
Diseño de cubierta: *Juan Manuel Domínguez*

Dirección de la obra:
FRANCISCO LUIS CARDONA CASTRO
Doctor en Historia por la Universidad de
Barcelona y Catedrático

Coordinación de textos:
MANUEL GIMÉNEZ SAURINA
MANUEL MAS FRANCH
MIGUEL GIMÉNEZ SAURINA

ISBN: 84-8403-870-X
Depósito legal: M-29523-2003

Imprime: *Gráficas COFÁS, S. A.*

IMPRESO EN ESPAÑA - PRINTED IN SPAIN

INTRODUCCIÓN

La existencia de Vincent van Gogh es una de las más dramáticas de la historia de la pintura. Vincent no fue ni un ser de leyenda ni un héroe ni un iluminado, y su «locura» sólo existió para aquellos que no comprendieron nada de su alma torturada, fustigada, de aquella antorcha ardiente, roída por la única pasión en la que se encontró a sí mismo: la de pintar.

Durante dieciocho años, a menudo dos veces al día, Vincent le escribió a su hermano y esta correspondencia monumental, por la cual es posible leer toda una vida, revela su verdadero rostro, la entrega total que le hizo a su obra, su comunión con ella.

El impulso creador en Van Gogh no fue otro que el deseo de existir por el único medio que pensaba podía ayudarle a declararse como irremplazable.

Su voz, sus escritos, llegaron mucho más allá que su arte, rozando la búsqueda angustiosa de la verdad en la que cada hombre intenta darle un sentido a su propio destino.

Vincent van Gogh fue uno de los mejores dibujantes y pintores de su época. Admirador de Jules Breton, le superó con creces en todos los sentidos. Pues tal como él expresaba, «la vista de un cuadro debe hacer que la mente repose, y también la imaginación».

Van Gogh, en realidad, no se inscribió en ninguna escuela pictórica, y las manifestaciones psicopáticas de Vincent sólo marcaron algunas de sus pinturas ejecutadas en Saint-Rémy, que fueron realizadas durante su estancia en al asilo. Pero

5

aparte de estos incidentes, toda su producción artística es de una claridad asombrosa, como toda su existencia no fue más que una clara búsqueda de la verdad, de una fe religiosa, en la que tuvo que acabar por no creer: la fe religiosa de los demás, que por lo que veía a su alrededor no era más que hipocresía teñida de falsa bondad.

Van Gogh ha pasado a la historia de la pintura como el «pintor loco», pero su locura sirvió para enriquecer el acervo pictórico del mundo entero, constando sus telas entre las más cotizadas y las más admiradas de cuantas figuran en los más célebres museos de todos los países.

Bibliografía

AMÉZAGA, E.: *Van Gogh y el más allá*, Gráficas Ellacuría, Bilbao, 1959.

ARTAUD, A.: *Van Gogh, el suicidado de la sociedad*, Fundamentos, Madrid, 1977.

CABANNE, P.: *Van Gogh*, Daimon, Barcelona, 1970.

COGNIAT, R.: *Van Gogh*, Argos Vergara, Barcelona, 1962.

ENCINA DE LA, J.: *Van Gogh*, Espasa Calpe, Madrid, 1961.

DIEHL, G.: *Van Gogh*, Daimon, Barcelona, 1966.

ETIENNE, CH. y SISBERT, CH.: *Van Gogh*, Carroggio, Barcelona, 1967.

HAMMACKER, A. M.: *Van Gogh*, Ed. Británica, México, 1967.

FRANK, HERBERT: *Van Gogh*, Salvat, Barcelona, 1988.

HUYGHE, R.: *Van Gogh*, Daimon, Barcelona, 1963.

LECALDANO, P.: *Van Gogh*, Noguer, Barcelona, 1976, 2 vols.

LEYMARIE, J.: *Van Gogh, Arlès y Saint-Remy*, Gustavo Gili, Barcelona, 1956.

MARTINI, A.: *Van Gogh*, Codex, Buenos Aires, 1964.

MASINI, L.: *Van Gogh*, Toray, Barcelona, 1972.

MATHEY, F.: *Van Gogh, Auvers sur-Oise*, Gustavo Gili, Barcelona, 1957.

NÁJERA, H.: *Van Gogh*, Blume, Barcelona, 1980.

SCHAPIRO, M.: *Vincent van Gogh*, Labor, Barcelona, s. f.

TRALBAUT, M. E.: *Vincent van Gogh*, Blume, Barcelona, 1969.

UHDE, W.: *Van Gogh*, Noguer, Barcelona, 1963.

VAN GOGH, V.: *Cartas a Théo*, Barral Labor, Barcelona, 1982.

CAPÍTULO I

NACE UN GRAN PINTOR

La existencia del más trágico de los pintores comenzó el 30 de marzo de 1853, en Groot-Zundert, en el Brabante neerlandés, muy cerca de la frontera belga. Era esta una aldea de tres mil habitantes, en medio de un paisaje melancólico de landas y turberas, bosquecillos y un cielo siempre encapotado. Fue allí donde nació Vincent van Gogh.

Su padre, Théodore, hijo de un pastor protestante, lo era también como descendiente de una larga línea de ministros protestantes, hasta el punto de que un Van Gogh fue obispo de Utrecht. Claro que en la familia también había habido orfebres y comerciantes, siendo tres tíos de Vincent tratantes de cuadros.

Su madre, Anna-Cornelia Carbentus, tres años mayor que su marido, era hija de un encuadernador de la corte, en La Haya. Su hogar era muy tranquilo, sin historia.

Sin embargo, la unión empezó bajo el signo del destino desdichado. El primer hijo, Vincent-Wilhelm, murió a las seis semanas de nacer, pero afortunadamente, un año más tarde, un año exactamente, la esposa del pastor del Señor dio a luz un segundo hijo que llevaría también el doble nombre de su hermano fallecido.

Este drama, y la coincidencia de fechas (el nacimiento de Vincent van Gogh se produjo el mismo día en que había fallecido su hermano un año antes), tal vez tenga algo que ver con las diferencias de conductas y carácter que separaron, durante su infancia, a Vincent de sus padres y sus hermanos y hermanas. Ante la tumba del primer hijo, ¿no creerá el segundo que vive en lugar del otro, que debe su identidad a un muerto?

El primero de mayo de 1857, otro hijo, Théo, que fue el hermano preferido de Vincent, su sostén y su guía, vio por primera vez la luz del sol. La familia todavía aumentó con cuatro hijos más: un chico, Cornelius, apodado Cor, y tres chicas, Anna, Elisabeth-Huberta y Wilhelmina.

Hasta los doce años de edad, la niñez de Van Gogh tuvo como marco su aldea natal. Era un niño de humor taciturno, con brusquedades y vivacidades inesperadas, o largos períodos de postración. Obstinado, voluntarioso, burlón, no se juntaba a menudo con sus compañeros de juegos.

> *No sólo sus hermanos menores y sus hermanas* —escribió Elisabeth—, *eran para él unos extraños, sino que él mismo era un extraño para sí.*

Y pese a esto, no era un ser antisocial, sino todo lo contrario. Vincent participaba en la vida común y se mostraba muy apegado a los suyos. No era indiferente al calor del hogar, y toda su vida evocó la apacible existencia familiar del presbiterio, la figura de su padre, hombre aferrado a sus deberes, afectuoso y bondadoso, aunque débil de carácter, cuya muerte, en 1885, a pesar de cuanto les separaba, trastornó al pintor; también recordó siempre las virtudes domésticas de su buena madre, y jamás se olvidó del decorado de sus largos paseos solitarios, a los que siempre estuvo como atado con todas las fibras de su ser.

Fue, en resumen, una niñez gris, salvaje, pero obstinada, voluntariosa, que ya dejó presagiar las sombras y las claridades de toda su vida.

Las mismas características físicas de Vincent explican su carácter. Como dijo Julien Green, «el pelirrojo es un solitario».

Vincent van Gogh, el hombre angustiado que pintaba claridades.

Y su hermana Elisabeth lo describió así:

> *Más bien ancho que alto, con la espalda ligeramente encorvada por la mala costumbre de dejar colgar la cabeza hacia delante, los cabellos rojos muy cortos, bajo un sombrero de paja que sombreaba un rostro extraño. No era el semblante de un joven, la verdad. Bajo la frente levemente arrugada, las cejas estaban siempre juntas por una especie de meditación, y debajo, unos ojos pequeños y profundos, ya azules, ya verdosos, según las impresiones. A pesar de este exterior poco grato, la expresión de íntima profundidad, daba a su persona algo realmente raro, sorprendente.*

Sus familiares, a pesar del abismo que les separaba, rodearon al pequeño Vincent de ternura y trataron de disculpar sus actos de violencia y sus depresiones, deseando comprenderle mejor. Vincent, por su parte, se esforzaba por aproximarse a sus semejantes, por ser más sociable, aunque sin conseguirlo. A estos pequeños fracasos sucedían períodos de profundo abatimiento.

Una de las claves de Van Gogh se halla en la mezcla de misticismo y realismo que heredó del lado paterno, sus antepasados dedicados a la religión, y los aventureros, comerciantes y corsarios, unos arraigados a la tierra, los otros rebeldes.

A los once años, el 1 de octubre de 1864, Vincent salió de Zundert para ingresar en el internado Jean Provily, de Zevenbergen, una población tan triste y aburrida como su aldea natal, a unos cuantos kilómetros de distancia, entre Dordrecht y Rosendaal.

Sus padres creían que el contacto con otros muchachos de su edad, distintos de sus hermanos, civilizarían a su hijo, pero el resultado fue decepcionante. No es que se tornase más impulsivo ni más feroz, sino que frecuentemente se aislaba para leer los textos de filosofía y teología, impropios de su edad, o para soñar despierto. También sus notas escolares fueron más bien mediocres.

¿Cuál era la situación del arte pictórico poco antes de lo que podríamos llamar «fenómeno Van Gogh»?

La trayectoria del arte pictórico del siglo XIX está presidida por la preocupación por la luz, desde los encuadramientos luminosos vibrantes que acompañan la temática revolucionaria del romanticismo hasta los paisajes poéticos de la escuela de Barbizon. En el último cuarto del siglo, el impresionismo representa la culminación de esta tendencia a unir la visión y la luz, inherente a toda la pintura occidental desde el Renacimiento y afronta el problema de representar el paisaje con sus elementos fluctuantes y sus circunstancias atmosféricas que varían entre un momento determinado y el siguiente. La captación de la luz por medio de toques cromáticos sueltos fue una ambición común a todos los grandes maestros en cuya obra suele detectarse una fase impresionista; esto hace que el impresionismo constituya al mismo tiempo una constante del arte y un fenómeno de época.

Piero della Francesca en el siglo XV, Leonardo y Tiziano en el XVI, Velázquez y los maestros holandeses —Frans Hals y Rembrandt— se adelantaron en la utilización de la técnica y los objetivos de la escuela entre 1875 y 1900, pero sus antecedentes más directos son especialmente los paisajistas ingleses, Constable y Turner, por la preocupación por la luz y por la captación del viento, la lluvia y el sol que reflejan sus obras. Se trata, pues, de la culminación de una evolución del arte, pero hay que tener presente la contribución de algunas circunstancias históricas del último cuarto del siglo XIX al nacimiento del estilo.

A lo largo de la biografía de Van Gogh haremos referencia a éstas para enmarcar aquella eclosión de luz y de color

13

que produjo el malogrado holandés, bien que a la situación histórica se añada o se deba colocar en primer término el conflicto interior que lo desgarraba y que en la pintura intentó hallar el puerto de salvación a los embates desastrosos de su atormentada vida.

CAPÍTULO II
LOS PRIMEROS DIBUJOS

Unos meses antes, con ocasión del cumpleaños de su padre, el 8 de febrero de 1864, hizo un dibujo que representaba una granja y un cobertizo, y lo regaló a su progenitor. Sin duda había heredado de su madre, que había pintado algunas buenas acuarelas antes de su casamiento, el gusto por el dibujo, y diversos croquis y estudios muestran ya esta inclinación: un viejo puente de piedra firmado y fechado el 11 de enero de 1862, una lechera, del 5 de septiembre, un perro ladrador del 28 de diciembre, un capitel corintio, del 22 de agosto de 1863, unos estudios de flores, unos paisajes a la acuarela, un pastor y un rebaño de cabras del 9 de octubre de 1862...

Todo esto estaba correctamente dibujado, como la tarea de un estudiante aplicado, pero en tales obras no cabe buscar otra cosa sino el gusto de Vincent por el dibujo.

En septiembre de 1866, Vincent abandonó el instituto y se trasladó a Tilburg, donde ingresó en otro, quedándose a vivir con los Hannick, en el 47 de la calle del Perifollo. Como su carácter no mejoraba y seguía teniendo malas notas, sus padres se preocupaban con ansiedad acerca de su porvenir. Vincent estuvo dos años en Tilburg, y el 14 de marzo de 1868 regresó a Zundert. Tenía quince años de edad.

Nuevos traslados

Pasó catorce meses con sus padres, leyendo, paseándose y comunicándose muy poco con sus parientes, aunque no hay duda de que dibujaba o ejecutaba acuarelas, si bien no queda nada de este período creador.

El 30 de julio de 1869, por consejo del tío Cent (abreviatura de Vincent), el pequeño Van Gogh entró a trabajar en la sucursal que la galería de arte Goupil de París tenía instalada en el número 10 de la Plaats, en La Haya, cuyo director era un tal Tersteeg. Allí estuvo cuatro años. Fueron cuatro años tranquilos, laboriosos, durante los cuales vio desfilar numerosas obras de arte, aquellas que gustaban al público de la época: escenas costumbristas, episodios militares, desnudos voluptuosos, puestas de sol, paisajes idílicos o escenas sentimentales. El señor Tersteeg estaba contento de él, y los Van Gogh se calmaron. Enfrentado a las responsabilidades, Vincent sabía mostrarse a la altura de las circunstancias.

El 29 de enero de 1871, el pastor y su familia dejaron Zundert y se marcharon a Helvoirt, donde el consistorio protestante había nombrado rector del mismo a Théodore van Gogh. Vincent no volvió a ver nunca más su pueblo natal, y pasó sin transición de la niñez a la vida adulta, cuando apenas contaba diecinueve años de edad.

En agosto de 1872 inició su copiosa correspondencia con su hermano Théo, a la sazón alumno de un colegio de Oisterwijk, correspondencia que fue más bien un diálogo entre dos almas igualmente apasionadas, como una historia de amor grave y patética que duró hasta la muerte de Vincent. Una correspondencia llena de confidencias, llamamientos, quejas, esperanzas y sollozos.

De todos sus hermanos, Théo era el que estaba más próximo a Vincent, pese a su escaso parecido, puesto que Théo era dulce y confiado, al revés de su colérico y austero hermano mayor.

Théo lo sacrificó todo por su hermano: tranquilidad, trabajo, hasta su dicha. Vincent, en cambio, jamás hizo tal cosa, aunque la víspera de su fallecimiento, en julio de 1890, trazó

16

en una nota, la última, estas patéticas palabras, triste balance de su vida legado a su hermano menor:

> *Por mi trabajo, he arriesgado mi vida y mi razón hasta fundirse* (sic) *a la mitad... Pero, ¿qué quieres?*

En su soledad, Théo fue el refugio, el puerto de seguridad, el apoyo. Fue el confidente y después el testigo. Era él quien iba recibiendo los mensajes, porque Vincent necesitaba de su hermano para subsistir en su miseria, necesitaba su confianza, sus ánimos, sus alientos, incluso su presencia. El hermano menor, un poco asustado al principio, inquieto por lo que el mayor esperaba de él, temía decepcionarle, pero luego, lentamente, su voz fue asegurándose, su mano se tornó más firme, su apoyo más sólido. Al final, la pasión de Vincent también fue la suya.

En las galería Goupil, Vincent se portó tan bien que mereció un ascenso. Y el 13 de junio de 1873 fue enviado a la sucursal de Londres, ciudad en la que se instaló en una pensión familiar cuya patrona era la viuda de un pastor protestante, la señora Loyer. El mismo día de su llegada le escribió a su hermano Théo, que a su vez era también empleado de la casa Goupil en Bruselas:

> *He hallado una pensión que me gusta, por el momento. Hay otros huéspedes, en especial tres alemanes que adoran la música, y tocan el piano y cantan. Pasamos unas veladas muy agradables...*

En Londres

El arte, para Vincent, no era otra cosa que los cuadros de la galería Goupil. Le complugo *El Angelus* de Millet, y *La Margarita en la fuente* de Ary Scheffer.

También admiraba ya a los pintores ingleses, que acababa de descubrir con grata sorpresa: Constable, Turner, Gainsborough y Reynolds, y empezó a coleccionar grabados.

Seguía, asimismo, leyendo mucho. Especialmente, le emocionaba Dickens.

Por otro lado, se enamoró. Se había enamorado de Úrsula, la hija de su patrona. La señora Loyer no veía el idilio con malos ojos, aunque es probable que no llegase a adivinar la profundidad del amor que por la joven experimentaba Vincent. Éste, en realidad, estaba como transfigurado. Úrsula se ocupaba de una especie de guardería y Van Gogh pensaba, debido a esto, en una «vida fecundante». Llamaba a su amada «ángel de los angelotes», y su imaginación se desbordaba, imaginando aquella unión como siempre lo había soñado. Sus cartas a sus padres revelaban su alegría y sus esperanzas de fundar un hogar. Vincent estaba tan ingenuamente contento que no se dio cuenta de hasta qué punto Úrsula se burlaba de su exaltación, de su ingenuidad, de su ceguera. El joven no se atrevía a declararse, bastándole con contemplar a la muchacha, con hablarle, con vivir a su lado. Leer la Biblia en su compañía le parecía el colmo de la felicidad.

De pronto, un día se decidió. Febril, trémulo de emoción, confesó sus sentimientos pidiendo la mano de su querida Úrsula. Ésta le contempló, falsamente asombrada, y luego estalló en una carcajada. Finalmente, confesó que ya estaba prometida a un antiguo huésped de su madre. Trastornado, Vincent le suplicó que rompiera tal compromiso, pero Úrsula negose a ello rotundamente. Sí, claro, ella le había engañado, había jugado con él, se había reído de su desdichada pasión, y al ver que Vincent insistía, Úrsula volvió a reír con una risa malvada, torturadora.

Destrozado, Vincent abandonó Londres y se marchó a Helvoirt, donde sus padres le vieron llegar abatido, más violento que nunca, y encerrado en un tremendo mutismo. Había tenido la felicidad al alcance de la mano pero el Destino acababa de arruinar todas sus esperanzas y el sueño había cesado, dejándole enfrentado con la triste realidad.

De octubre a diciembre de 1874 estuvo en la galería Goupil de París, pero unos días antes de terminar aquel año fue enviado de nuevo a la sucursal londinense. En realidad, lo había suplicado él a fin de ver a Úrsula e intentar desesperadamente que le hiciese caso, pero ella, una vez más, siguió sorda a sus ruegos.

Los meses siguientes aumentaron la exaltación mística de Vincent, y en su soledad empezó a complacerse en exagerar la importancia de su fracaso con Úrsula, guiando su vida psíquica únicamente en función de la obsesión que mantenía en su interior como una llama viva. De esta manera nacieron en él sus primeras exaltaciones alucinatorias, sus primeros fantasmas y, con ellos, sus primeras «locuras», o al menos, el inicio de su demencia.

El 15 de mayo de 1875, Van Gogh regresó a París.

CAPÍTULO III

FRACASOS SUCESIVOS

Aquel mismo año, el 22 de octubre, su padre se trasladó de Helvoirt a Etten, donde había sido nombrado pastor de almas. Vincent continuaba meditando, leyendo y sufriendo. Durante aquella estancia en la capital de Francia visitó el Louvre, el Luxemburgo y vio la exposición, Corot, muerto de muy poco antes.

Sin embargo, ignoró la primera manifestación de los impresionistas en la galería Nadar, que tanto revuelo iba a causar en el mundo de la pintura.

Se pasaba las horas solitarias leyendo a Hugo, a Heine, a Keats, a Longfellow, a George Eliot, y comentaba la Biblia en compañía de un joven inglés, de dieciocho años, Harry Gladwell, que también trabajaba en la casa Goupil, y vivía en la misma pensión que Van Gogh en Montmartre.

Los sentimientos religiosos de Vincent iban también en aumento. Le envió a su hermana Anna, que a la sazón residía en Inglaterra, la *Imitación de Cristo* de Tomás de Kempis, y a Théo los «Salmos» de la Biblia en una edición por libros bíblicos separados. Continuando con su proselitismo, le recomendó a su hermano que leyese los cuatro Evangelios y algunas Epístolas.

Rechazaba ya a Muchelet y Renan, los agnósticos que antaño le habían seducido, y deseaba que Théo hiciese lo mismo. Para reemplazarlos, le recomienda a Erckmann-Chatrian; en carta de 14 de octubre de 1875 le dice:

Busca realmente la verdadera luz y la libertad, y no te hundas demasiado en el fango de este mundo.

Demasiado absorbido por sus lecturas y sus meditaciones, el joven Vincent olvidaba su oficio, y los señores Boussod y Valadon, que habían sucedido a Goupil, empezaban a estar hartos de aquel dependiente de rostro tan singular, que más bien ahuyentaba a la clientela y que, además, no apreciaba demasiado lo que vendía y, encima de todo, lo proclamaba con total claridad. Finalmente, tras algunos altercados, Vincent les espetó a los dos empresarios que el comercio de cuadros era un «robo organizado», por lo que le despidieron, y el 1 de abril de 1876 Vincent se marchó de París.

Van Gogh en Ramsgate

Era otro fracaso para el joven. Su tío Cent, que había puesto en él grandes esperanzas, declaró que no volvería a ayudarle nunca más, y sus padres volvieron a temblar ante lo oscuro del porvenir de su hijo mayor.

Éste también reflexionaba tristemente acerca de su destino. El amor frustrado, el fracaso en el trabajo, la hipocresía de la que se sentía víctima, todo esto era a sus ojos el símbolo de la hostilidad de la sociedad que le rodeaba. En realidad, el destino parecía imbuirle su misión solitaria. Rechazado, abandonado por todo el mundo, no teniendo más recurso que la sumisión, la abnegación y la humillación, Vincent empezó a pensar que todo era como un impulso redentor. Y así, de su destierro, de su introversión, de su miseria, Vincent intentaba obtener su riqueza interior.

En los últimos días de marzo, al leer un anuncio en un periódico, solicitó el puesto de ayudante de profesor del pensionado de Ramsgate, en el condado de Kent, Inglaterra. El

22

Estudio de Van Gogh en la sacristía de la iglesia católica de Nuenen.

director, un tal Stokes, le aceptó, y Vincent partió de París hacia Etten, donde como dijimos, habitaban sus padres. Pasó unos días con ellos, y luego el pastor Van Gogh lo acompañó a Bruselas, de donde se trasladó a Londres y de allí a Ramsgate, adonde llegó el 16 de abril. Acababa de cumplir veintitrés años.

El pensionado de Stokes acogía principalmente a niños de familias pobres. Allí, Vincent debía enseñar idiomas, como el francés que conocía de manera imperfecta, y el alemán, que conocía mejor. También estaba encargado de recaudar las mensualidades de los alumnos. La región le gustó, y se la describió a sus padres en unos términos imaginativos, en los que se transparentaba su sensibilidad y su amor por la Naturaleza. El mar se hallaba cercano, y a él daban las ventanas de la escuela, *y en el litoral, la mayoría de casas están edificadas con piedras amarillentas y todas tienen un jardín con cedros y árboles de hojas perennes, de un verde oscuro.*

Vincent daba largos paseos. Para admirar una bahía llevaba a sus alumnos por un sendero que conducía a una cuesta *tan elevada como una casa de dos pisos. En lo alto se levantan viejos abetos nudosos, con el tronco cubierto por los líquenes grises, y con ramas inclinadas todas del mismo lado, junto con algunos saúcos.*

En la frescura del amanecer y el silencio de la campiña que, lentamente, se despertaba a la vida, se sentía plenamente dichoso. Un día del mes de junio se dirigió a Londres a pie, en medio del calor, y se detuvo en Canterbury. Luego, por la noche, se tumbó a dormir hasta las tres de la madrugada, cuando le despertó el canto de los pájaros que saludaban el preludio del alba.

Una carreta cargada de heno lo llevó una milla más lejos, pero como el carretero se entretenía en un café, Vincent reanudó su camino a pie. Por la tarde llegó a Londres, donde estuvo dos días vagando por las calles y *haciendo unas visitas, particularmente a un pastor protestante al que ya había escrito antes*. Después, desde la capital inglesa se fue a Welwyn para ver a su hermana Anna, que enseñaba francés en la escuela particular de la señora Applecarth.

Durante su estancia en Londres, Vincent intentó ver a Úrsula, pero se enteró de que ya se había casado, y se marchó, muy cabizbajo. Nuevamente hicieron presa en él la tristeza y la angustia. El señor Stokes, que había trasladado su colegio a orillas del Támesis, en Isleworth, muy cerca de la capital, se inquietaba por la difícil llegada de las mensualidades pagadas por los padres de los alumnos de su institución, y envió a Van Gogh a reclamarlas.

Vincent ignoraba la dificultad de tal tarea. Las familias de los niños vivían casi todas ellas en los barrios más sórdidos del East End, y Vincent se encontró de pronto en el corazón de la miseria obrera, en el infierno de una ciudad superpoblaba. Así descubrió con estupefacción y dolor las peores desgracias, y se enteró de hasta qué punto la masa trabajadora, odiosamente explotada, vivía aparte del resto de la nación, en condiciones casi infrahumanas. Y confrontó el espectáculo que tenía ante los ojos con las descripciones de las novelas de Dickens y Elliot, que tan a menudo había leído, viendo que la realidad era todavía peor que la ficción, y esto le trastornó. Vincent se olvidó, naturalmente, de reclamar el dinero de las mensualidades debidas al señor Stokes.

Pero éste no quedó ciertamente satisfecho con las explicaciones del joven Van Gogh, el cual, con lágrimas en los ojos, le contó con pelos y señales las miserias de que había sido testigo. Pero Stokes se burló de su sensibilidad, acusándole de indolente y perezoso, y en vista de que el muchacho no había sido capaz de conseguir el dinero de aquella gente, añadió que había decidido prescindir de sus servicios.

La señal de Dios

Y Vincent se quedó en la calle. No se trataba de un fracaso, evidentemente, puesto que la visión brutal de aquella masa de gente tan miserable orientó su sendero de un modo decisivo. Van Gogh no vaciló. Sería *London missionary*, es decir, misionero de Londres. Y el primero de julio entró, en calidad de predicador ayudante en casa de un pastor metodista, el señor Jones.

En realidad, no se hallaba demasiado orgulloso de haber emprendido la misma profesión que su padre, cuyo ejemplo de paz y caridad no cesaba de guiarle, hasta el punto de que recordaba los sermones oídos en la pequeña iglesia de Zundert, deseando rememorar sus mismas palabras. Mas por el momento, casi lo único que hacía era dirigirle a Théo piadosos consejos exhortándole vivamente a vivir cristianamente, en comunión cotidiana con Dios, citando constantemente la Biblia, la *Imitación de Cristo* y los Hechos de los apóstoles. Junto con su amigo Gladwell, al que volvió a hallar en Lewisham, cerca de Londres, donde habitaban sus padres, hablaba del «Reino de Dios y de la Biblia».

Con los alumnos que tenía el señor Jones estudió la Historia Sagrada, aunque consagrando, según era su costumbre, largas horas a sus paseos en solitario. El 18 de agosto, le escribió a Théo:

> *¿Cuándo volveré al mundo? Si vuelvo a él algún día, será probablemente por una necesidad muy diferente de las demás...*

Pese a su buena voluntad, Vincent carecía del don de la oratoria, por lo que no lograba interesar, y menos aún, convencer a su auditorio de pobres gentes, poco instruido, que no captaba el sentido de sus palabras. Mas pese a estas dificultades, Vincent estaba seguro de haber descubierto el objetivo de su vida: llevar el Evangelio a los menesterosos.

Las predicaciones de Vincent expresaban, ciertamente, una profunda convicción, una vocación intensa, pero su inestabilidad, su febrilidad, el desmesuramiento que ponía en todo, le originaron graves perjuicios, y la masa trabajadora se sintió de pronto más intrigada por tan extraño predicador que convencida por sus palabras. ¿Pues no pretendió un día convencerles de que «la tristeza era mejor que la alegría»? Y otra vez, en la Casa del Señor, echó su reloj de oro en la bolsa del recaudador del templo.

A fuerza de excesos, cayó enfermo, y recibió la enfermedad como una señal de Dios, destinada a reprocharle sus debilidades, y a aproximarle más todavía a los dolientes, a los necesitados. Deseaba, a ser posible, ser misionero en un puerto como Liverpool o Hull, *donde algunos predicadores necesitan a veces ayudantes que conozcan varios idiomas para ocuparse de los marinos, de los extranjeros y para visitar a los enfermos.*

El señor Jones no quiso retenerle, puesto que, al parecer, se había dado cuenta de que le había confiado tareas excesivamente pesadas a su ayudante, al tiempo que sus predicaciones no causaban ningún efecto sobre sus oyentes. Y pese a esto, Vincent se había consagrado con toda el alma a su ministerio. Entonces, ¿es que no bastaban el amor, el deseo de servir, la abnegación y la entrega total de su persona? Agotado, regresó a Holanda, con sus padres en Etten, donde llegó a finales de diciembre.

Vincent no abandonó, sin embargo, la idea de ser algún día un auténtico predicador, el día del primer sermón fracasado escribió a su hermano querido en los siguientes términos: «Théo, el domingo pasado tu hermano ha hablado por primera vez en la casa de Dios, en el lugar del que está escrito: "Quiero dar paz en este lugar".» Hablaba de sí mismo en tercera persona, como si el predicador hubiese sido alguien diferente de la criatura indigna que veía en él. Y continúa la confesión con su hermano: «Cuando me encontraba frente a aquellas gentes, me sentía como quien desde una oscura bóveda subterránea vuelve a surgir a la luz del día, y es maravilloso pensar que a partir de ahora, predicaré el Evangelio en todas partes».

Si tenía vocación de predicador y quería seguir las huellas de su padre, no había otra alternativa que seguir el mismo camino que había recorrido aquél. Ello significaba que tendría que matricularse en la facultad de teología de la universidad y para ello necesitaba pasar el examen oficial del Estado. Su familia se hallaba en buena disposición para sacrificarse, siempre que Vincent pasara una temporada ocupado meditando su decisión definitiva.

En una ocasión escribió a Théo: «En nuestra familia, que es una familia cristiana en el verdadero sentido de la palabra, ha habido en cada generación, hasta donde alcanzamos a conocer en el pasado, alguien que servía al Evangelio». Y otra vez manifiesta: «Si puedo ser sacerdote, si cumplo con esta profesión de manera que mi obra se parezca a la de mi padre, doy gracias a Dios.» Más adelante escribe a Théo en estos términos: «Théo, querido hermano, tengo tantos deseos... Pero, ¿cómo conseguirlo? Desearía haber dejado ya atrás todo el trabajo que es necesario realizar para llegar a ser servidor del Evangelio... pero temo el fracaso, incluso el deshonor.»

Se refleja aquí la constante de Van Gogh durante toda su vida, su tozudez, pero también su inconstancia ante el primer fracaso y sus vacilaciones sin saber exactamente su vocación a seguir. Pero siempre con un temperamento ardiente, desbordado.

CAPÍTULO IV

DEPENDIENTE EN UNA LIBRERÍA

El enfado de su padre

¿Acaso lo habían llamado desde Etten? ¿O partió la idea de sí mismo? El misterio subsiste hoy día, pero la verdad es que el pastor Van Gogh no ocultó su reprobación ante el nuevo fracaso de su hijo. Éste llegó pálido, demacrado, febril. Sus padres se encogieron de hombros y suspiraron. En realidad, tanto para el restablecimiento de su salud como para la buena reputación de su padre, era mejor que Vincent se quedara en Holanda al menos una temporada, donde le buscarían una ocupación apacible y mejor remunerada. Y a petición del padre, el inefable tío Cent aceptó una vez más ocuparse de su sobrino, y no tardó mucho en encontrarle un puesto de dependiente en la librería Van Braam y Blussé, en Dordrecht. Pero Vincent no renunció, pese a esto, a su vocación religiosa.

Había llegado a Etten el 29 o el 30 de diciembre, y el 31 le escribió a Théo:

> *Trabajar en una librería en vez de dar lecciones a los chicos será un buen cambio.*

Por consiguiente, cuando llegó a Etten ya sabía que iba a entrar en una librería, cosa que por lo visto estaba ya decidida por sus familiares. Sin embargo, él seguía acosado por terribles angustias y temores imprecisos.

Y al final, aceptó aquel trabajo, pensando que todavía tenía mucho que aprender, mucho que hacer, para llegar a ser digno de sus hermanos de desdichas y poder darles el consuelo y la esperanza que tanto necesitaban.

Vincent van Gogh, librero

El librero Vincent van Gogh, tras la cruel experiencia del apostolado, conoció al fin la paz. Toda su existencia iba a pasar entre esas alternativas de agitación y calma, de exaltación y abatimiento, de placidez y dolor. Leía muchas obras religiosas y filosóficas, y llevaba una vida ascética en su pequeña habitación, en una de cuyas paredes había colgado dos grabados: «Cristo Consolador», ambos, regalos de Théo.

Vincent, en efecto, no había renunciado en absoluto a sus aspiraciones religiosas, y para él, su empleo en la librería de Dordrecht no era más que una pausa para estudiar más y profundizar mejor en los problemas del apostolado, y también para conocerse mejor a sí mismo.

Fingía ignorar los comentarios de los otros vendedores y de los jóvenes que vivían en la pensión de la Tolbruggstraatje, a orillas del Mosa, donde residía, todos los cuales se burlaban de su forma de vivir. El 26 de febrero le visitó Théo, y su presencia le reconfortó enormemente, y unas semanas más tarde, él le escribió para hacerle partícipe de sus proyectos, *a fin de que mis ideas sean más claras y se afirmen más.*

En la misma carta añadía:

> *Siento un enorme deseo de hacer mío el tesoro de la Biblia, de conocer a fondo y con gran amor sus antiguas frases, y de conocer sobre todo cuanto conocemos de Cristo. Siempre hubo, por más lejos que miremos al pasado, un servidor de los evangelios en cada generación de nuestra familia, ya que*

es una familia cristiana en todo el significado de este término...

Yo ruego y ansío ardientemente que el espíritu de mi padre y el de mi abuelo renazcan en mí, que me sea concedido el don de ser un buen cristiano, un verdadero artesano del cristianismo, y que mi vida pueda parecerse (cuanto antes mejor, puesto que el vino añejo es el mejor y yo no deseo otro) a la vida de los que he nombrado.

Parecía que la imperiosa vocación evangélica se sobreponía al sentimiento de la continuidad; «servir» era el lazo que uniría al joven Vincent a toda la larga fila de buenos servidores de Dios. Pero, ¿cómo ser digno de ellos, cómo no desmerecer delante de su ejemplo, y cómo, asimismo, conseguir convencer, edificar a los demás? ¿Cómo, mediante el Evangelio, llevar la paz a los desdichados, hacerles olvidar las miserias terrestres para que conociesen la única felicidad válida: el derecho, el júbilo de los elegidos a la derecha de Dios Padre Todopoderoso?

¿Cuántos problemas acuciantes, cuántas preguntas angustiosas, se agitaban, entre el humo incesante de las pipas fumadas por el joven Van Gogh, en su alma? Un día, la confianza en sí mismo le exaltaba, y al siguiente, sentíase presa de una gran depresión.

A sus estudios piadosos, a sus lecturas evangélicas y a sus afanes filosóficos se añadía *el conocimiento y el amor a la obra y la vida de hombres como Jules Breton, Millet, Jacque, Rembrandt, Bosboom, y tantos otros... susceptibles igualmente de hacer germinar una hermosa cosecha de ideas.*

Resulta muy curiosa esa extraña mezcla de ideas, puesto que, ¿qué podía aportar al alma atormentada de Vincent, el ejemplo asimilado a él de un Rembrandt, de artistas tan banales por su existencia como mediocres por sus obras, como Jules Breton y Charles Jacque, cuyas telas él había visto en la galería Goupil?

En realidad, durante toda su existencia, Van Gogh sorprendió por esa mezcolanza de ideas y creencias, por sus paradojas y sus malentendidos. Después de citar a esos personajes a los que sin duda admiraba, añadía:

> *Por lo demás, hay una gran semejanza entre la vida de mi padre y la de esos hombres, a pesar de que aprecie mucho más la de aquél.*

Puesto que, según su hijo, el pastor Van Gogh llevaba en sí la palabra de Dios.

Vincent siguió viviendo solo, apartado de los demás, no visitando más que de cuando en cuando a un profesor de instituto, con el que salía a veces y que vivía en la misma pensión. Se llamaba Gorlitz y era un hombre inteligente y culto. Fue éste el que le impulsó a llevar a cabo los estudios de teología y a obtener sus diplomas, cosa que por otra parte Vincent deseaba en cuerpo y alma, aunque los consejos de su amigo le espolearon al parecer.

Una noche le confió sus proyectos a Van Braam, cuyo escepticismo respecto a él le dolía. Van Braam le hizo unas reflexiones: ¿sabía bien a qué disciplina de trabajo se exponía? Conocer a fondo la Biblia, el latín y el griego, alguna que otra lengua muerta, la historia, especialmente la de la Reforma...

Sus padres también dudaban entre tomarse en serio o no esta «vocación» inesperada, pero el buen pastor fue poco a poco dejándose convencer por la voluntad al parecer inquebrantable del muchacho, y acabó por felicitarse de que su hijo decidiese continuar la vía del apostolado, igual que él, su abuelo y varios de sus antepasados.

En sus difíciles años de París pintó «Tornasoles».

Reunido el consejo de familia, se decidió que el futuro pastor terminase sus clases preparatorias en Amsterdam, donde pasaría los exámenes preliminares al grado de teólogo. Allí debería alojarse en casa de su tío Johannes, que acababa de ser nombrado director de los astilleros de la Marina.

Vincent llegó a su casa el 9 de mayo.

CAPÍTULO V

EL APÓSTOL DEL SEÑOR

Los estudios eran largos y difíciles, puesto que la teología implica el conocimiento del latín y el griego, idiomas que a Vincent le costaba mucho aprender. Además, acompañaba sus estudios con privaciones, mortificaciones, pese a lo cual no logró dejar de fumar, y por la noche, fatigado de tanto trabajo mental, caía rendido, de manera que al día siguiente no podía levantarse tan temprano como hubiese deseado.

Tan difícil le resultaba todo que llegó a pensar seriamente en «abandonarlo todo».

Un joven rabino, Mendes da Costa, que habitaba en el distrito judío de Amsterdam, le daba lecciones de griego, mientras su tío Johannes Stricker, hermano de su madre, controlaba sus progresos.

Para el álgebra y la geometría, Vincent era alumno de un sobrino de Mendes, Teixeira de Mattos, un joven que enseñaba religión en la escuela gratuita israelí. Tío Johannes consideraba, por otra parte, que su sobrino se comportaba de manera terriblemente exaltada, y pensaba que su tardía aplicación resultaba ridícula, por lo que finalmente lo dejó como relegado en un cuartucho donde apenas iba a verle, ni siquiera a la hora de las comidas, que Vincent empezó a tomar solo.

Una tremenda decisión

Dos meses más tarde, Vincent renunció, totalmente agotado. ¿Era preciso saber tantas cosas para llevar a los hombres la verdad de Dios? El padre y su esposa se desconsolaron de nuevo cuando Vincent volvió a su casa, y su decepción fue enorme ante el fracaso que, necesariamente, tenía que caer también sobre el pastor; de todos modos, vieron a su hijo tan desdichado que no le formularon ningún reproche.

Por suerte, el pastor Jones, de Isleworth, estaba de paso en Etten y reconfortó a su antiguo vicario, y a mediados de julio ambos hombres, junto con Vincent, fueron a Bruselas para visitar una escuela de formación flamenca, donde solamente se seguía unos estudios de tres cursos, mientras que en Holanda los estudios duraban al menos seis años.

Vincent insistió para intentar nueva suerte: deseaba ir lo más de prisa posible para entrar en contacto con el pueblo, hablarle, comunicarle la verdad evangélica. Por desgracia, y a pesar de que el director de la escuela propuso tenerle allí tres meses «a fin de trabar un conocimiento más amplio», tuvo que rechazar la oferta ante el elevado coste de la pensión.

Y regresó a Etten, donde volvió a sus paseos, a sus meditaciones, al repaso de sus sermones que copiaba vez tras vez a pluma y lápiz. También copiaba de la misma manera algunas obras de su pintor preferido: Jules Breton.

En Bruselas, tanto el joven como los dos pastores entraron en contacto con los miembros del Comité de Evangelización. Y unas semanas más tarde Vincent fue aceptado como residente en la pequeña escuela del pastor Bockma, en Laeken-les-Bruxelles, donde se formaban los misioneros para los países que hoy llamamos del Tercer Mundo. Al fin se había cumplido su sueño, y Vincent, maravillado, llegó a casa de su nuevo director, extasiado.

Pero no tardó en desengañarse.

Los motivos de tal desencanto fueron su elocución deplorable, su carácter impetuoso, su excesivo nerviosismo, y su permanente inestabilidad. Además, no soportaba ninguna contrariedad y mucho menos las observaciones de sus superiores. Tan insociable como siempre, descuidaba su vestimenta y se hacía voluntariamente antipático. Rápidamente, los otros dos alumnos del pastor Bockman le tomaron ojeriza.

El 15 de noviembre, después de haber pasado un día con su hermano Théo, le dedicó un dibujo que «no tiene nada de extraordinario», y que hizo maquinalmente, cerca de Laeken. El dibujo se titula *La carbonería*, y representaba una especie de tenducho miserable donde venden carbón.

Un nuevo fracaso

En sus cartas a Théo, Vincent no cesaba de alabarle la pintura que calificaba de arte casi excelso. Y entre tanto, su padre estaba inquieto. A pesar de que su celo apostólico parecía sincero, el pastor Van Gogh pensaba que, a sus veinticinco años, Vincent solamente había cosechado fracaso tras fracaso, y se preguntaba si le convendría definitivamente la profesión de misionero evangelista.

Al finalizar sus cursos mal que bien, Vincent no obtuvo el nombramiento, ya que el Comité de Evangelización juzgó inepto al frustrado misionero. Fue un golpe terrible. Previendo las consecuencias, su padre corrió a su lado, pero el joven ya se había recuperado. ¡Puesto que aquellos caballeros no le habían aprobado, él seguiría adelante por sí mismo con el apostolado! Su padre, resignado y turbado por una vocación tan imperiosa al parecer, aceptó cuanto él quiso, y aquel mes de diciembre Vincent partió para Borinage, la región más miserable de Bélgica. Allí se instaló en plena cuenca minera, en casa del buhonero Van der Haegen, y dio comienzo a su vida de apóstol.

Théo le enviaba carta tras carta alentándole en su trabajo porque tenía miedo. Sentía a su hermano sin rumbo ni brújula como un holgazán, pero un «holgazán especial». Vincent le contestó al respecto:

Existen holgazanes por indolencia y debilidad de carácter, por bajeza de su naturaleza. Si piensas esas cosas de mí puedes considerarme como uno de ésos. Pero existe otro holgazán, el que lo es contra su voluntad, que se consume en su interior por el vehemente deseo de una actividad, que no hace nada porque le resulta imposible hacerlo, porque vive prisionero de algo, porque no tiene lo que necesita para ser productivo, y porque así lo ha dispuesto su infortunio; un hombre así, algunas veces no sabe ni él mismo qué puede hacer, pero siente instintivamente: «¡No obstante, sirvo para algo, tengo derecho a la existencia! Sé que podría ser un hombre totalmente distinto. Pero ¿en qué podría ser útil, para qué podría servir? Tengo algo dentro de mí... pero, ¿qué?» Este es un holgazán completamente distinto. Si quieres, puedes considerarme uno de éstos.

Un pájaro en su jaula sabe muy bien, en primavera, que hay algo más para lo cual sirve, sabe muy bien que hay algo que hacer, pero no puede. ¿Qué es? No puede recordarlo muy bien. Le vienen entonces vagas ideas y se dice: «Los otros construyen nidos, tienen pajaritos y crían la nidada»; entonces se dan cabezazos contra los barrotes de la jaula, pero la jaula sigue ahí y el pájaro está loco de dolor. «Mirad que holgazán —dice otro pájaro que pasa volando—, es como un jubilado.». Pero el prisionero sigue vivo y no muere; nada de lo que pasa en su interior puede apreciarse exteriormente; está bien de salud y cuando luce el sol se siente más o menos alegre. Entonces viene el tiempo de las aves migratorias. Una depresión. «Pero... tiene todo lo que necesita», dicen los niños que le cuidan su jaula. Mas él ve el cielo tormentoso, y en su interior siente indignación por su suerte. «Estoy en la jaula, estoy en la jaula y nada me falta... ¡tonto! ¡Tengo todo lo necesario! ¡Pero por Dios, necesito la libertad, ser un pájaro como los demás...!»

Vincent dudaba una y otra vez. Su familia no le comprendía. Se sentía como el pájaro en la jaula... ¿Sería la vocación de pastor de los más miserables y humildes la que tanto anhelaba, su verdadera y auténtica vocación, o continuaría encerrado entre barrotes mucho tiempo?

CAPÍTULO VI

VAN GOGH, EN BORINAGE

Allí la miseria era mucho peor que en Londres. Un minero sólo ganaba dos francos y medio al día, y enviaban a trabajar a la mina, por unos sueldos todavía más irrisorios, a los niños menores de catorce años.

> *Es un curioso espectáculo ver pasar a los mineros, a la hora del crepúsculo, con un fondo de nieve... Por regla general sus chozas son pequeñas y están diseminadas a lo largo de senderos fangosos, por los bosques o en las vertientes de las colinas...*
>
> *Los jardines y los campos están cercados, como en el Brabante, por setos y ramajes de encina. La nieve, caída en los últimos días, da al conjunto el aspecto de una hoja de papel blanco, cubierta de escritura, como las páginas del Evangelio...*

Los mineros eran personas sencillas, y las primeras prédicas de aquel extranjero de cabellos rojos y mirada fija, apenas les sorprendieron; su bondad, su dulzura, que contrastaban con la brusquedad de sus gestos y la dureza de su voz, le atrajeron la simpatía de los obreros. A veces, por la noche, sentado ante la puerta del buhonero, dibujaba y distribuía sus bocetos entre los niños, y así logró reunir en torno suyo a unos diez chicos y chicas a los que comentaba el Evangelio.

De un lado a otro de la región, empezó a circular un rumor: «El pastor Vincent es un buen hombre». Y él, irradiando felicidad, visitaba a los enfermos, predicaba, reconfortaba, aliviaba y consolaba. Para subsistir ejecutaba algunos trabajos de copia y, por intermedio de su padre, recibió el pedido de cuatro grandes mapas de Palestina, pagados a cuarenta florines. Por lo demás, necesitaba muy poco para vivir, puesto que se vestía con ropas viejas y apenas comía, ocupado tan sólo en su ministerio.

Tal era su celo que el Comité de Evangelización le encargó una misión temporal en Wasmes, no muy lejos de Pâturages, donde residía habitualmente, con un sueldo mensual de 50 francos. Allí debía ayudar al pastor titular, Bonte, que ejercía en Warquignies. Vincent se llenó de júbilo.

Para sus predicaciones alquiló un «salón», una habitación espaciosa que era a la vez sala de baile y de reuniones, y que llamaban de modo extraño, «Salón del bebé». La asistencia no era demasiado numerosa, pero sí muy atenta.

Allí, Vincent vivía realmente entre los mineros. Desde algún tiempo atrás les había entregado a los más pobres todas sus prendas de vestir, contentándose con llevar solamente una vieja guerrera militar y una especie de gorra. También solía repartir su escaso salario. En los primeros días se alojó en casa de un panadero, Jean-Baptiste Denis, pero hallando que tal alojamiento era demasiado lujoso se trasladó a una cabaña miserable, donde dormía en el suelo, sobre un montón de paja. Apenas se lavaba por lo que iba siempre cubierto con una costra de carbón, con la cara más sucia que la de los mismos carboneros.

Estos excesos acabaron por hacer que los mineros desconfiaran de él, de un hombre que en realidad era el primero de los curas-obreros. Tampoco su comportamiento fue bien recibido por el Comité de Evangelización, y Vincent, que a resultas de una huelga se puso a favor de los revolucionarios, fue juzgado con suma severidad.

El pastor Bonte, que no consideraba con demasiado fervor a su ayudante, le aconsejó que se moderase. Vincent le obedeció durante algún tiempo, pero su intenso celo no pudo sufrir aquella calma impuesta. En realidad, era una especie de «loco de Dios», una especie de poseso, exaltado por su fe.

En sus cartas a Théo, comparaba a menudo el paisaje que le rodeaba, con los cuadros de Ruisdael, Rembrandt o Michel.

> *No conozco mejor definición del arte* —escribía—. *El arte es el hombre añadido a la Naturaleza... la Naturaleza, la realidad, la verdad, cuyo sentido extrae el artista, es la interpretación, el carácter que expresa, que desprende del paisaje, que libera, que esclarece...*

Vincent dejó en Borinage el recuerdo de un artista cuyo talento era bien apreciado, y un pastor de Warquignies le confió a Louis Piérard cuando éste le interrogó al respecto:

> —*Hacía el retrato de las mujeres que recogían el carbón o que se marchaban cargadas con los sacos. Y observamos que nunca reproducía las cosas amables, las que nosotros atribuimos a la belleza.*

El dibujo *Mujeres volviendo de la mina*, realizado en 1881, tal vez sea una reminiscencia de los bocetos de Borinage, todos los cuales desaparecieron. Allí, sin duda hizo ensayos a la acuarela, y su hermana, Duquesne van Gogh escribió en su libro de recuerdos que a su regreso a Holanda Vincent enseñó a sus familiares varios dibujos realizados a la acuarela, sobre la vida de los mineros.

Fue allí donde verdaderamente se inició en la pintura.

Termina su evangelización entre los mineros

Durante su estancia entre los mineros, Van Gogh conoció una transformación absoluta. Si el misionero se veía trastornado por el espectáculo de la miseria, el artista sentía nacer, frente al drama del que era testigo, unas sensaciones que jamás había experimentado. Bien es verdad que todavía estaban confusas en su interior, por lo que Vincent se refería sobre todo a las obras que conocía como si tratase de apuntalar su visión en la de los otros artistas, mientras sus recuerdos de lo visto en la galeria Goupil, que despertaron su sensibilidad, volvieran a su memoria. ¿Acaso no había conocido, en medio de aquellos cuadros, «una pasión violenta que llegaba al entusiasmo»?

El 16 de abril de 1879 se produjo una tremenda explosión de grisú en Frameries, una aldea próxima. Vincent fue rápidamente en socorro de los heridos, sin ahorrar ningún esfuerzo; estaba en todas partes, ocupándose de todo y de todos, con un valor y un coraje realmente sobrehumanos.

Fue entonces cuando cayó la cuchilla. El Comité de Evangelización desaprobó a Van Gogh, pretextando su falta de elocuencia.

> *Con el don de la palabra* —afirmaba el documento de dicho Comité—, *el señor Van Gogh sería ciertamente un evangelista perfecto.*

Esta hipocresía no le sublevó, sino que se sometió a ella sin protestar, tan agotado estaba, demacrado por las privaciones, destrozado por la fatiga, y también descorazonado.

Se marchó, abandonó a aquella gente a su destino, que era la pobreza, el sufrimiento y la muerte, abandonándolos a la miseria contra la cual él nada podía hacer, más que compartirla con ellos.

Retrato del «Pére» Tanguy, también de su época parisiense.

Unas semanas antes, después de la explosión, había velado noches enteras junto al lecho de un minero terriblemente herido, lavándole las llagas y «rogándole que viviese». El minero sanó. *Antes de salir de Bélgica, delante de aquel hombre que llevaba en su frente varias cicatrices, tuve la visión de Cristo resucitado.*

En Bruselas vivía un buen hombre, el pastor Pietersen, al que Vincent fue a ver en busca de consejo. Aquel pastor, que se interesaba por la pintura y el dibujo, se quedó estupefacto cuando su visitante, que había llegado a pie desde Wasmes, le enseñó sus «trazos tan torpes». El pastor esperaba quejas, reclamaciones, puesto que era miembro del comité que acababa de despedir a Vincent, y en cambio, el joven apenas le habló de sus sinsabores, refiriéndose incesantemente al arte, y su llama, antaño tan viva cuando hablaba de su vocación, era la misma hoy pero citando a sus pintores preferidos, buscando en sus obras y sus vidas unos ejemplos propicios para animarle y exaltarle.

El pastor Pietersen se quedó asombrado ante los dibujos de Vincent.

Seguramente también se emocionó, de manera que le compró dos, con toda seguridad no sólo para ayudarle sino por gusto propio. Tras esto, Vincent regresó a Borinage.

En julio de 1880, poco después de verse despedido, le envió a Théo una carta redactada en francés. Llevaba nueve meses sin escribirle, y la misiva no era más que una mezcolanza de proyectos, impresiones y opiniones diversas.

Diez años más tarde, el mismo mes, Vincent van Gogh se suicidaría.

CAPÍTULO VII

UN DESHEREDADO DE LA FORTUNA

Durante varios meses, Vincent vagabundeó sin objetivo preciso, sin trabajo, sin dinero. Su rebelión contra la miseria había muerto ya, y consideraba a toda la grey minera y miserable con unos ojos distintos a los del redentor, siendo cierto tal como en su carta le aseguraba a Théo, que «he cambiado mucho». Ya no era el mismo.

Ahora estaba frente a este universo indescifrable donde sus ansias del Señor, que había intentado saciar ayudando a los desgraciados y predicándoles el Evangelio, había cedido el sitio al mundo del arte, a su sublime fraternidad.

Dios tendrá sentido a través del orden que él creó para darle a la vida toda su plenitud. De manera que Vincent no se desprendió de Dios más que para buscar, a su través, lo absoluto; su Yo, ávido de comunicarse, de servir, se liberó de su convicción religiosa para tratar de expandirse en una nueva vocación.

Confusamente, soñaba en una pintura que, lejos de todas las formas de la seducción, abriese por sí misma las puertas de ese reino desconocido que le atosigaba, que le acosaba, y en el que tal vez finalmente se halló a sí mismo.

Buscaba, esperaba...

Llevo mucho tiempo haciendo dibujos sin avanzar demasiado, pero últimamente esto marcha mejor, a mi parecer, y espero que todavía mejore bastante más.

Su pasión, a partir de entonces, fue el dibujo, el arte.

Aprender lo antes posible a hacer dibujos presentables y vendibles, de manera que pueda empezar a ganar un sueldo directamente por mi trabajo.

A partir de aquel momento, Théo, que estaba empleado en la empresa Bussod y Valadon, en París, empezó a enviarle dinero a su hermano, y además, le alentaba, ayudándole moralmente, para que saliese de la difícil situación en que se encontraba.

Vincent, a la sazón, vivía en casa del minero Charles Decrucq, en la calle Pavillon, en Cuesmes, cerca de Mons, y la hija del minero le oía «llorar y gemir» por las noches en el granero donde dormía. Allí dibujaba aldeanos, escenas campestres, y copiaba o reproducía las telas de Millet.

Un día decidió irse a Courrières «un poco involuntariamente, sin saber bien el porqué», según confesó. Allí vio a uno de los hombres por los que experimentaba una gran admiración, el paisajista Jules Breton, el pintor de la vida aldeana, cuya fama era ya inmensa.

Vincent hizo el camino a pie, con el estómago vacío. Sus pensamientos iban y venían inevitablemente acerca de sus últimos sinsabores. Si era cierto que en él empezaba a asomar un nuevo hombre ¿le concedería el arte lo que la religión le había negado? La carta de 1880 era como un punto de partida: no sólo justificaba y profundizaba en el pasado, sino que era como un llamamiento para el porvenir, un hálito de esperanza. Lo que el misionero no había logrado manifestar a los hombres ¿podría comunicarlo el artista con sus dibujos?

La visita a Jules Breton

Aquellas ventanas de cristales tan limpios eran las del taller de Jules Breton. Vincent se acercaba a ellas con el corazón palpitante, pero el aspecto exterior de la casa «de una regu-

seguir los cursos de la Academia. A decir
...gió a Vincent con gran estusiasmo. Tenía
...os que él, era rico y vivía lujosamente, tra-
...todo con escenas aldeanas y obreras, cuya
...asemejaba a la de su compatriota. Aquel aris-
...y apacible se asombró ante el ardor de su
...briamente *fanático* —como escribió más
...ue luchaba y penaba, que a menudo se enco-
...mostraba violento, pero que mereció siempre
...la admiración por su noble carácter y su gran
...tista.

...ncent trabajaba con ardor, con frenesí, como de
...n la confusión y el desorden, de donde se deri-
...ultad de relacionarse eficazmente con su amigo,
...poco, pese a desconfiar de aquel carácter, fue
...se a él, adivinando la exigente pasión que le
...a.

...pard intentó poner orden en las ideas de Vincent,
...le más estabilidad, casi siempre en vano. Cierto
...joven aprendiz de dibujante tenía motivos para
...eto, al no tener noticias de sus parientes. Théo hacía
...no le escribía, y Vincent se preguntó al fin *si temerá*
...*eterse ante esos señores de G. y Cía, teniendo rela-*
...*nmigo, o si tiene miedo por tener que reclamarle el*
...*restado...*

...nente, Théo contestó a sus cartas a principios de enero
...pero la cosa no acababa de marchar bien. Vincent
...a contento con sus dibujos, por lo que habló de tras-
...a París en busca de un nuevo empleo.

...hismo, a menudo le faltaba dinero, y su tío Cor, que tan-
...s había ayudado a otros dibujantes, se hacía el sordo a
...nadas de su sobrino. Por lo demás, toda la familia hacía
...mo, y Van Rappard, según Vincent, *creí que no le gus-*
...*ue le molestase nuevamente*, pero esos momentos de

laridad metodista» no le gustó, hallándolo «inhospitalario,
frío, irritante incluso». Lentamente, dio la vuelta a la casa.
¿Llamaría? Sintiose turbado por un silencio opresor... ¿Cómo
le recibiría el gran pintor? Maquinalmente, penetró en un bar,
el Café de las Bellas Artes, «igualmente, de ladrillos inhos-
pitalarios y fríos, mortificantes». Allí apagó su ardiente sed
y se marchó de allí, como huyendo de un fantasma.

Así terminó su visita a Jules Breton.

El 15 de octubre estaba ya en Bruselas, donde alquiló, con
dinero enviado por Théo, una habitación en el 72 del bulevar del Mediodía.

Tenía veintisiete años. Era el momento en que todo artista
ya demuestra lo que puede valer, o lo que vale. Sin embargo,
Vincent, según él, no contaba más que con unos dibujos banales, carentes de carácter, unas copias mediocres, la mayoría
de Millet, de quien reprodujo hasta cinco veces *El sembrador*, la obra que será como una especie de pariente suyo, puesto
que llegó a pintar siete cuadros y trazó más de veinticinco
dibujos sobre el mismo tema.

Le quedaban diez años de vida.

«Para mí —escribe— el pintor extremadamente moderno
no es Manet sino Millet, que abre para muchas gentes pers-
pectivas lejanas.»

Jean François Millet había nacido en Gruchy, cerca de
Cherburgo en 1814. A menudo llamado «el pintor de los campesinos» fue un niño precoz que, llevando una existencia
campesina, estudió humanidades y trabajó con otros pintores de segunda fila. Gracias a una beca municipal se trasladó
a París. Allí sintió predilección por los grandes autores de la
pintura española, como lo muestra su influencia en sus mejores retratos, realizados en un estilo florido en el que los colores se han aplicado en pinceladas separadas, imbricadas como
escamas formando ricas y sensuales superficies dirigidas por
una vigorosa estructura.

Al igual que a muchos artistas, la revolución de 1848, que pronto daría paso al Segundo Imperio francés de Napoleón III, trastornaría a Millet y, como consecuencia de este nuevo triunfo del pueblo en los hechos revolucionarios, los campesinos adquieren un lugar sin precedentes dentro de su arte. Pero alguien tenía que inmortalizar en el siglo XIX al campesino abrumado y ése fue Millet. Una de sus obras más famosa, pareja de *El sembrador*, es *Las Espigadoras,* que representa a tres mujeres trabajando bajo el sol; una de ellas no puede más, es evidente que le duele la espalda. También su célebre *Angelus*, con sus dos sobrias figuras a contraluz, es una creación maravillosa.

Las figuras de Millet viven intensamente y tienen sus compensaciones; no son ciegas y brutales imágenes de trabajo. En un dibujo del artista —que fue habilísimo dibujante a la pluma— dos pastoras ven pasar una bandada de ocas, ¡y cómo aspiran ambas mujeres el aire aromático y suave del otoño! El campesino de Millet goza del paisaje de otro modo que el hombre intelectual, pero mientras la ciudad no haya corrompido su espíritu, el galán y el labrador tienen también intensa conciencia de lo bello. Millet la tenía; al comentar las observaciones adversas de algunos críticos manifestaba: «Creen que me harán retroceder, que me convertiré al arte de los salones. Pero no: campesino nací, y moriré campesino. Quiero pintar lo que llevo dentro»... «Cuando pintéis, tanto si se trata de una casa como de un bosque, o de un campo, o del cielo, o el mar, pensad en quien lo habita o lo contempla. Una voz interior os hablará entonces de su familia, de sus ocupaciones y labores, y esta idea, os llevará dentro de la órbita adversa de la humanidad. Pintado un paisaje pensaréis en el hombre; pintando al hombre, pensaréis en el paisaje que le rodea.»

Por su temperamento, era lógico que Van Gogh se enamorara de su obra.

Vincent van Gogh e
sión para demostrar que
de trabajar y de perse

Lo más importante er
posible, vivir con el pro
su padre le enviaba seser

Empezó a recorrer los
diaba, después de contemp
Rembrandt o Rubens, *El cu*
o *La colección de dibujos,*

De todos modos, lo que m
con pintores a fin de aprove
consejos.

Uno de ellos, Schmidt, lo ar
de Bellas Artes, pero Vincent n
conoció a un artista holandés,
algunas lecciones. No obstante
Rappard donde Vincent encontr
deseados.

Un trabajador infatigable

Van Rappard, también de origer
jado en Utrecht y en Amsterdam,

Bruselas, para
verdad, no aco
cinco años mer
bajando sobre
inspiración se
tócrata dulce
visitante son
adelante—,
lerizaba y se
la amistad y
talento de ar

Porque Vi
costumbre,
vaba la difíc
que poco a
amoldándo
atormentab

Van Rap
intentó da
era que el
estar inqu
meses que
comprom
ciones c
dinero p

Final
de 1881
no esta
ladarse

Asi
tas vec
las llan
lo mis
taba

depresión y tristeza pasaban pronto, y el joven seguía acumulando proyectos y esperanzas... para volver a caer en el abatimiento anterior o en la depresión.

Esta sucesión de altibajos no podía mejorar las relaciones con sus padres, ni tornar más amenas las que mantenía con Van Rappard. De todas maneras, Vincent no pensaba apenas en apartarse de su verdadera meta, que era *llegar a ser más o menos capaz de trabajar para la ilustración de revistas o libros,* único medio, según él, con el que podía intentar ganarse el sustento.

Cambio de escenario

Como Van Rappard tenía que regresar a Holanda, Vincent entrevió la posibilidad de instalarse en el campo, mucho más barato, bien en Etten donde vivían sus padres, o en otro lugar.

Loco, loco... Esta palabra había empezado ya a perseguirle, desde algún tiempo atrás. Los padres del joven ya habían pensado, cuando su hijo, según ellos, empezó a «portarse mal», y sobre todo después de su fracaso como misionero, en llevarle a Gheel, cerca de Amberes, donde existía un asilo de alienados. Vincent no ignoraba ese proyecto, y resulta difícil no pensar que tal conocimiento dejase de influir en su comportamiento posterior.

El 1.º de junio de 1882 le escribió a su hermano, en un tono aparentemente despegado, una carta en la que se refería a este tema. Por su parte, Théo le había puesto en guardia contra una decisión semejante por parte de sus padres, y Vincent replicó:

> No es tan fácil librarse de un individuo, pretextando una locura, puesto que a menudo se ha abusado de manera escandalosa de esta excusa para desembarazarse de personas a las que se considera

molestas o «desagradables». A decir verdad, no creo que mi familia sea capaz de tanto. Sí, me contestarás que ya pensaron en ello, para llevarme a Gheel. ¡Ay, sí! Papá es capaz de esto, pero yo te aseguro que me enfrentaré con él si intenta algo...

Por el momento, le convenía trabajar y «buscar un empleo bien pagado», sin duda para apaciguar los temores familiares, siempre vivos, y también para convencerse a sí mismo de que, a pesar de todo, nada se había perdido.

A mediados de abril, Vincent salió de Bruselas en dirección a Etten.

Vincent, en Holanda

En abril de 1881, Vincent se instaló de nuevo en casa de sus padres y empezó a trabajar de firme. Su ardor reconfortaba al buen pastor y a su esposa, que esperaban que su hijo hallara muy pronto otro empleo, pese a lo cual sus dibujos, muy oscuros, difíciles de entender tal vez, les preocupaban bastante.

Vincent, por su parte, siguiendo con su antigua costumbre, salía a dar larguísimos paseos en solitario, por el campo, y leía mucho. Cuando Van Rappard le visitó, a mediados de verano, los dos jóvenes discutieron amigablemente durante diversas entrevistas. Vincent se sentía feliz, sosegado, pero aquel período eufórico no duró mucho, ya que el drama siempre giraba a su alrededor.

En agosto se marchó a La Haya, donde vivía uno de sus primos, el pintor Anton Mauve, el cual le dio ánimos, y una vez de regreso a Etten, Vincent se aplicó aún más en su tarea, dibujando escenas de la vida obrera o aldeana, aparte de hacer el retrato de su padre.

Gracias a la caja de acuarelas que le regaló su tío Cent, ya bien dispuesto hacia el joven, éste pintó, realzado con tiza, *Molinos cerca de Dordrecht*, con gran vigor.

«Mauve afirma que dentro de un tiempo relativamente corto, seré capaz de hacer algo vendible...», le escribió a Théo en el mes de diciembre.

Pero, mientras tanto, estalló la tempestad.

CAPÍTULO IX

LA PRIMA JOVEN Y VIUDA

A finales de agosto, una joven prima de Vincent, Kee Vos, hija de su tío, el pastor Stricker de La Haya, viuda reciente y madre de un niño de cuatro años, fue a pasar unos días a Etten, en casa de los Van Gogh. Y Vincent se enamoró perdidamente de la joven, y se le declaró. Pero Kee, que deseaba continuar fiel a la memoria de su marido, le rechazó categóricamente.

> *Entonces, se libró en mí un terrible combate* —le escribió a Théo—. *¿Debía resignarme a su «no, jamás en la vida», o, por el contrario, debía negarme a considerar terminado el asunto y conservar un poco de esperanza, no renunciando a mi felicidad?*

Fue esta última la solución que eligió Vincent, a pesar de que sus parientes, excepto el tío Cent, quisieron convencerle en contra de la misma.

Ante la negativa de Úrsula se había encolerizado. Ahora, en cambio, usó más sutileza. Trató de tornarse indispensable, rodeando a Kee de cuidados y atenciones, a fin de demostrarle su cariño y convencerla del profundo amor que experimentaba por ella. Pero esta ingenua estrategia fracasó, y fue entonces cuando Vincent se enardeció, convencido de que la fuerza de sus sentimientos triunfaría sobre el rechazo de la joven viuda.

Para huir del cortejo de Vincent, Kee se marchó a Amsterdam donde vivía su padre. El joven pintor le escribió una y otra carta, pero en vano, ya que la joven viuda no le contestó. En la mente de Vincent batallaban las palabras terribles que no podía olvidar, aquel «no, jamás» tajante, por el que sufría cruelmente. Sin embargo, y a pesar del tono irrevocable de la negativa, Vincent continuó esperando contra toda esperanza.

Los sentimientos de Vincent hacia Kee fueron muy mal juzgados, no solamente por sus familiares, sino por toda la población. Su padre no vaciló en calificar tal pasión de incestuosa, algo de lo que el joven se burló, ocupado exclusivamente en la conquista de su hermosa prima.

Su exaltación se correspondió con su trabajo, dibujando copiosamente aldeanos labrando, estudios de árboles...

> *Por el momento, trabajo mucho el carbón* —le escribió a Van Rappard—. *También he probado la sepia y el temple. Asimismo, he realizado siete grandes estudios de troncos de árbol, unos sauces viejos...*

Tres días más tarde, el 15 de octubre de 1881, añadía:

> *A decir verdad, considero los estudios que ahora hago estudios sobre un modelo, pues no pretenden ser otra cosa.*

En esa carta enumeraba los pintores a los que admiraba en dicha época: Paul Baudry, Jules Lefrebvre, Henner, que eran académicos, fríos, si bien se hallaban en el cenit de su reputación. Claro que a Vincent le seguían gustando Jules Breton, Feyen-Perrin, Ulysse Butin, Mauve, Artz, Israels... Y esperaba ver muy pronto a Mauve y trabajar con él.

A Van Rappard no le hablaba de Kee Vos, pero pensaba en ella constantemente, de manera que seguía atosigándola con sus cartas apremiantes, manteniendo a Théo al corriente de

En Arlès, donde protagonizó el extraño suceso de la oreja cortada, pintó este retrato de «La Mousmé».

sus desesperados esfuerzos por interesarla. El pastor Van Gogh no ocultaba su cólera.

—Te dijo que no, por tanto, debes callar.

Vincent se desesperaba más ante la incomprensión de los suyos, y le pidió a Théo que intercediese ante ellos, para que mostrasen «más coraje y humanidad».

Pero su exaltación, incluso en su hermano, no halló más que una reprobación silenciosa o amargos reproches. Más que nunca, Vincent estaba solo, solo como en Londres, solo como en el Borinage, como en el camino de Cuesmes, o entre los matorrales del Brabante, y si Théo se dignaba escucharle... ¿no era acaso para encogerse de hombros de vez en cuando?

De todos modos, y pese a sus momentos de terrible melancolía y desesperación, Vincent no olvidaba su trabajo, y sus frases dirigidas a Van Rappard eran ya las de un hombre seguro de sí mismo, del hombre que ha meditado mucho, que no habla imprudentemente, por azar. Vincent aceptaba ya las opiniones ajenas, y cuando su amigo le reprochó la falta de realismo en un dibujo que representa a un sembrador, le dio las gracias, juzgando la observación «muy pertinente». Y esto sin amargura, con la sensación de que únicamente el trabajo había de permitirle llegar al final de sus esfuerzos.

Un sacrificio propiciatorio

A finales de noviembre, no pudiendo reprimirse más, Vincent se marchó a Amsterdam, visitando a los padres de Kee, pero la joven estaba ausente. Advertida de la llegada de Vincent había huido.

Había un plato delante de cada cual, pero vi un plato sobrante, y este detalle me sorprendió. Deduje que deseaban hacerme creer que Kee no estaba en casa, puesto que habían quitado su cubierto. Como yo sabía que sí estaba, pensé que todo aquello rozaba la comedia o la farsa...

Al cabo de unos minutos, tras los saludos y preguntas de rigor, Vincent se atrevió a preguntar:

—¿Dónde está Kee?

El tío Stricker volviose hacia su esposa.

—Madre, ¿dónde está Kee?

—Kee ha salido.

Como si tal cosa, la conversación continuó sosegadamente. Vincent habló de arte y de otros temas, y luego, toda la familia desapareció, y únicamente se quedaron con el visitante los tíos. El padre de Kee, con tono de predicador, le advirtió al joven que iba a leerle una carta cuya redacción acababa de finalizar.

—Bien, ¿dónde está Kee? —insistió entonces Vincent.

—Kee se marchó de casa tan pronto supo que llegabas —le respondió brutalmente el tío Stricker.

Y despues, empezó a leer la carta.

Era una carta digna de un reverendo pastor, muy prudente, pero allí no había nada más, rogándome que abandonara toda correspondencia y realizara enérgicos esfuerzos por olvidarme de todo el asunto.

A continuación, tomé la palabra para declarar con la mayor calma y la máxima cortesía posibles, que ya había escuchado esa clase de razonamientos... pero, ¿y después...? ¿Después... qué?

Vincent volvió día tras día a casa de los Stricker, pero ni una sola vez logró ver a Kee, teniendo, en cambio, que soportar enojosos sermones sobre las pasiones funestas o las malas lecturas.

61

Por fin, el domingo por la mañana, el joven volvió a casa de sus tíos e, insistiendo, les pidió poder ver a su prima. Frente a la formal negativa de su tío, Vincent no vaciló. Para demostrar la fuerza de sus sentimientos, colocó una mano encima de la llama de una lámpara y aseguró que la mantendría allí hasta que llegase Kee. Necesitaba justificarse a toda costa, demostrar la honestidad y la profundidad de su amor.

La escena fue terrible. Pasado el primer momento de estupor, el pastor sopló y apagó la llama.

—¡No la verás! —le gritó a Vincent, lívido, rechazándolo irremediablemente «a la negrura y al frío».

Fue entonces cuando sentí que moría mi amor, no completamente ni al instante, pero sí bastante de prisa, y un vacío, un vacío inmenso se apoderó de mi pobre corazón.

Aquel fue un sacrificio propiciatorio, un signo, el primero, siete años antes de la mutilación de la oreja. A los ojos de Vincent, la mutilación tal vez estuviese destinada a alejar el poder maléfico que le atormentaba, tal vez fuese, en cambio, una venganza contra sí mismo. En efecto, no está muy lejos de creerse culpable del rechazo de Úrsula y de Kee, de pensar que no merecía la existencia soñada al lado de una de ellas, existencia que se apoyaba en «la vida fecundante». Socialmente desterrado después de haber sido despedido por el Comité de Evangelización, ¿lo sería también afectivamente? ¿Debía renunciar al amor para no ser castigado? La negativa de Kee, la coalición de la familia, significaban a sus ojos un nuevo e irremediable fracaso. Y por eso, también se apartó de Dios.

Vincent volvió a dedicarse a su labor con el corazón destrozado.

Regresó a Etten sumamente abatido. No era más que una sombra de sí mismo: las mejillas hundidas, la mirada a menudo alucinada, y más irritable, más violento, más autoritario.

Como había roto definitivamente con la práctica religiosa, atacándola ya o burlándose de la misma, su padre se encolerizó con él, lo mismo que su tío Stricker, reprochándole sus malas lecturas.

El abismo se fue ensanchando entre el padre y Vincent, cuya admiración por el autor de sus días empezó a decrecer. Fue entonces cuando se dio cuenta de la estrechez de espíritu de su progenitor, y hasta qué punto era también mediocre en su ministerio. Además, estaba convencido de que sus padres se habían puesto de acuerdo con el tío y la tía Stricker para hacer fracasar sus proyectos matrimoniales.

La actitud del padre de Kee y la de su propio progenitor iba a desencadenar la ruptura final de Vincent con el cristianismo. «Todo es hipocresía», pensó, él que había estado subyugado por el Evangelio, hasta el punto de quedar sumido en una situación de auténtica esclavitud. Sería un alejamiento definitivo: «He visto con demasiada claridad el juego del cristianismo actual —escribió—. En definitiva, los pastores son los hombres más impíos de la sociedad y unos materialistas estériles. Podré arreglarme bien sin Dios.»

Más tarde habló de una religión sin la cual no podría vivir, se había empapado de socialismo utópico y de anarquismo, pregonadores de la fraternidad universal entre todas las gentes de todas las clases sociales, condición o raza. Sintió entonces una acendrada fe en un mundo de luz y amor, en la ilusión de que todos los hombres podrían un día sentirse hermanos, ¿incluso los que le habían rechazado?... Por eso pretendió que su arte, como el de Millet, fuera popular, pero por encima de todo humilde, pero evitó —salvo algunas «copias»— los temas religiosos.

La ruptura con la religión iba a acelerar el conflicto de Vincent con su padre a quien había querido entrañablemente. como demuestra el recuerdo que conservó de un internado en el que había estado de pequeño al menos dos años: la visita que el austero pastor le hizo mientras Vincent estudiaba en Amsterdam. La primera larga ausencia de sus padres dejándolo solo le quedó indeleblemente grabada: «Era un día de otoño; yo estaba en las escalinatas de la escuela del señor Provily y miraba cómo se alejaba el coche en que volvían a casa papá y mamá. El cochecito amarillo podía verse a lo lejos en el camino que discurría a través de los prados mojados por la lluvia, flanqueado por delgados árboles. El cielo gris se reflejaba en los charcos. Apenas habían transcurrido catorce días, cuando una tarde que me encontraba en el patio de juegos, me dijeron que alguien había preguntado por mí, no sabían quién, y un instante después estaba colgado del cuello de mi padre».

Cuando Vincent fue a estudiar a Amsterdam tenía ya veinticinco años. El 10 de febrero de 1878 refirió este episodio a su hermano: «Después de acompañar a papá al tren y contemplar cómo se alejaba mientras aún podía ver aunque sólo fuera el humo, volví a mi cuarto. La silla de papá estaba todavía arrimada a mi mesa, llena de libros y cuadernos que había utilizado aquel día; y me sentí tan desconsolado como un niño, aunque sabía que pronto nos volveríamos a ver.»

Como puede verse, pues, no fueron motivos religiosos los que le hicieron apartar de su padre, sino más bien su falta de comprensión, su obstinación por conseguir lo que deseaba fuera como fuese, sin reparar si la parte contraria estaba conforme y también le amaba. Si hubiera tenido una consciencia equilibrada, se habría dado cuenta de que si realmente la amaba y ella quería respetar la memoria de su marido, debía renunciar sin paliativos. Porque la sublimación de su sacrificio sería todavía más grande. Pero no se conformó.

64

CAPÍTULO X

LA AMANTE DE VINCENT VAN GOGH

A principios de diciembre, tras pasar sólo unos pocos días con sus padres, Vincent se marchó a La Haya, donde sus primos Anton y Arlette Mauve lo recibieron con mucho afecto. Sus dibujos, duros pero expresivos, con negros profundos, rígidos y desprovistos todavía de movimiento y proporciones, gustaron a sus primos, y Anton le enseñó los rudimentos de la pintura al óleo.

Vincent hizo algunas naturalezas muertas que terminó cuando regresó a Etten; de las mismas quedan sólo dos, representando un par de botas, una col, unas patatas y una zanahoria, y la otra un jarro con tapa de estaño, y unas manzanas.

Esto es todo cuanto se conoce hoy día de las primeras telas de Van Gogh.

Tras una violenta disputa con su padre el día de Navidad, Vincent salió de Etten en dirección a La Haya, donde, gracias a Anton, halló un taller en el 138 de la Schenkweg, cerca de la estación del Rhin. Estaba ya más apaciguado, más distendido, pero como no tenía dinero se lo pidió a Théo, el cual, sabedor ya de su disputa con el pastor evangelista, le dirigió acerbos reproches. Vincent contestó punto por punto a las acusaciones de su hermano mediante una larga carta fechada el 7 de enero de 1882. En ella, Vincent se mostró muy duro contra su padre y demás parientes, a los que decidió no volver a ver jamás, cosa en lo que se mostró inflexible incluso en el cumpleaños de su padre y durante la enfermedad de su madre.

Nuestra falta de entendimiento se ha convertido en una especie de enfermedad crónica —le escribió a Théo—, *y ha durado ya demasiado tiempo. Y hemos llegado a este punto: cada cual debe padecer por su cuenta.*

Las sesiones de trabajo con Anton Mauve tampoco eran fáciles. Sin embargo, éste le presentó a varios artistas jóvenes, con los que se relacionaba, como el paisajista Théophile de Bock, Van der Weelen, Georges-Henri Breitner... La Haya era en aquella época el centro de una importante renovación literaria y artística: el «Movimiento de 1880», dedicado a la corriente naturalista y simbólica, y Vincent, que también había vuelto a relacionarse con su antiguo jefe de la sucursal Goupil, Tersteeg, gustaba de las discusiones, del intercambio de ideas. En aquel ambiente burbujeante, se hallaba completamente a gusto.

Nuevas decepciones

Desdichadamente, su salud no era buena. La fiebre y el nerviosismo primero, y después las tenaces jaquecas y el dolor de muelas, intermitente y terrible, le obligaban a menudo a abandonar el trabajo. Además, le faltaba dinero y no podía procurarse modelos, lo que le obligaba a suplicar a Théo que le ayudase en lo que pudiera.

Sus buenas relaciones con los pintores de La Haya, por otra parte, no duraron mucho. Los celos, la hipocresía, la vanidad en el trato, no tardaron en irritar a Vincent, que juzgaba sus obras excesivamente convencionales. Su espíritu vulgar, destinado ante todo a satisfacer al público, le ofendía. Poco a poco fue poniendo distancias entre ellos y él, y sustituyó el trabajo en común en los talleres por paseos por el campo, durante los cuales se detenía a dibujar o pintar.

Iba frecuentemente al Museo Real de Marritshuis, donde estudiaba y admiraba los Rembrandt y los Frans Hals. Según él, progresaba mucho.

Bruscamente, Anton cambió de actitud respecto a Vincent. Sus caracteres, tan distintos, chocaron a raíz de sus concepciones antagónicas del dibujo: uno quería sólo reproducir lo antiguo, el otro era rebelde a toda disciplina y se negaba a seguir a su primo por ese camino.

La disputa sobrevino, seguida de tentativas de reconciliación, cuando una tarde en el taller, Vincent cogió uno de los moldes de yeso que dibujaba Anton y, después de romperlo, lo echó al cubo de carbón. A partir de entonces, la ruptura fue inevitable.

Tal alejamiento le produjo un gran pesar a Vincent, ya que una vez más, por su culpa exclusivamente, volvía a estar solo. Siguieron varios encuentros casuales, acompañados de «conversaciones lamentables». Un día, los dos jóvenes se encontraron en las dunas y Vincent invitó a Anton a ir a ver su trabajo, «para hablar después de negocios». Pero el primo se negó categóricamente.

—No quiero volver a tu casa. Todo acabó entre nosotros —y añadió—: Tienes un carácter pérfido.

> *Mauve* —le escribió Vincent a Théo—, *me acusa de haber declarado: «Yo soy un artista». Pero no retiro esta afirmación porque es evidente todo lo que la misma implica: «buscar siempre sin hallar jamás la solución...»*

En la misma carta, bruscamente hizo la confesión, la terrible confesión:

> *Alimentan sospechas contra mí, esto flota en el aire, según las cuales, yo oculto algo...*

Lo cierto era que Vincent tenía un secreto que temía a la luz.

El secreto de Vincent

Dicha carta continuaba:

Pues voy a contarlo a vosotros que tanto gustáis de las buenas formas y la civilización. Y yo pregunto, en buen derecho, qué es más verdad, qué es más civilizado, más delicado, más viril: si abandonar a una mujer o apiadarse de una mujer abandonada.

Yo encontré a una mujer encinta este invierno, abandonada por un hombre, de quien llevaba un hijo en el cuerpo.

Una mujer encinta que vagaba por las calles, tratando de ganarse un mendrugo de pan de la manera que puedes suponer.

La contraté como modelo y he trabajado con ella todo el invierno.

No pude pagarle todo el sueldo de una modelo, lo cual no impidió que le abonase sus horas de posar y que la salvase del frío de la calle, a ella y a su hijito, así como del hambre, partiendo mi pan con ella.

Opino que todo hombre que vale el cuero de sus botas, al hallarse ante un caso semejante, habría obrado igual... Esa mujer se halla ahora unida a mí como una paloma domesticada...

Creí que se me comprendería sin palabras.

Pensé mucho en una mujer por la que mi corazón latió de pasión, pero ella se alejó, y no quiso verme siquiera, mientras que ésta se moría de hambre este invierno, y no pude hacer sino lo que hice. Anton, Théo, Tersteeg, vosotros tenéis mi pan en vuestras manos ¿me dejaréis sin pan o me volveréis la espalda? Yo ya he hablado y aguardo el veredicto.

Fue así cómo Christien Hoornick, apodada «Sien» por Van Gogh, una prostituta de treinta y dos años, arruinada por sus vergonzosas prácticas y por el alcohol, entró en la vida del pintor.

Louis Roetland pretende que el encuentro tuvo lugar a principios de diciembre, en ocasión de su estancia en La Haya, si bien en una carta posterior a la citada, el mismo Vincent situó tal acontecimiento «hacia finales de enero», sin duda para que Théo no atribuyese el niño, al nacer el 1 de julio de 1882, a su hermano.

Sea como sea, Anton y Tersteeg ya estaban al corriente de aquellas relaciones y se aprestaban a informar de las mismas a Théo, cuando Vincent le escribió. Fue el golpe más duro que el joven pudo darle a la honorabilidad de la familia Van Gogh: el antiguo misionero, hijo y nieto de pastores protestantes, viviendo en concubinato con una prostituta... ¡El escándalo era completo!

¿Se daba cuenta de ello Vincent? Sin embargo, éste sólo veía en ello una obra de caridad, puesto que consideraba un deber de buen cristiano ayudar a la joven a salir de la miseria y del arroyo.

Vincent, ésta era la verdad, no amaba carnalmente a Sien, como objeto y fuente de placer; sus visitas a «mujeres de 40 sueldos» sólo le fueron impuestas más adelante por la higiene, ya que el acto sexual era para él solamente el equilibrio del cuerpo con el espíritu. A sus ojos, la mujer era ante todo la madre, y la veía como a través de Michelet, que había escrito: «La mujer es, ante todo, la vida fecundante», y consideraba la maternidad, como, «la gran misión de la mujer en la Tierra». A Úrsula y a Kee les propuso rápidamente el matrimonio. La primera se ocupaba de una especie de guardería, labor edificante a sus ojos; la segunda criaba un hijo, un niño de cuatro años, al que él quería mucho.

«Una mujer sin hijos —escribió más adelante—, es como un badajo sin campana.» Vincent, sufriría por no haber podido casarse y fundar un hogar, hasta el punto de lanzarle a Théo ese angustioso grito:

¡Tú puedes darme dinero, sí, pero no puedes darme una mujer y un hijo!

Ahora ya tenía una mujer a su lado, una mujer que compartía su vida. Vincent era su salvador y está transformado. Por ella se privaba de lo poco que tenía e incluso la acompañaba al hospital de Leyde para consultar acerca del embarazo; y mientras tanto, dibujó mucho, siempre los mismos temas: aldeanos, obreros o gente del pueblo trabajando, estudios femeninos para los que posaba Sien... Tersteeg, sin duda por caridad, le compró diez dibujos por un florín, aunque aconsejándole que buscase temas menos tristes, y que cambiase de formas, si quería vender. O sea que le pidió a Vincent que se «comercializase», que halagase al público, cosa a la que Vincent tenía horror, por lo cual rechazó tal proposición coléricamente.

En marzo, experimentó una alegría inesperada. Tío Cor, que poseía un negocio de objetos de arte en la capital holandesa (que a la sazón era La Haya), le encargó «doce dibujos a pluma, vistas de La Haya, al precio de dos florines y medio», precio fijado por él, aparte de prometerle encargar doce más si los hacía a su conveniencia.

Vincent escribía todos los días a Théo, deseoso de que su hermano comprendiese hasta qué punto, Sien, a pesar de su pasado, era una buena compañera. Ingenuamente alababa sus cualidades, pero en contra de lo esperado Théo no compartía sus puntos de vista. Prudente, afectuosamente, intentaba lograr que Vincent renunciase a aquella unión vergonzosa. Por suerte, sus padres, que siempre soñaban con volver a aproximarse a su hijo mayor, no estaban al corriente.

También en Arlès dibujó a uno de sus amigos, el cartero Roulin.

71

Johanna van Gogh-Bongers, en el prefacio a su edición de las cartas de Vincent a Théo escribe: «Cuando la convivencia llegó a ser un hecho consumado y se halló junto a una mujer brutal, inculta, desfigurada por la viruela, de lenguaje grosero y carácter depravado, una mujer que bebía aguardiente, fumaba puros y tenía un pasado de mala reputación y que además le hace partícipe de las intrigas de su familia, entonces dejó de hablar de felicidad hogareña.»

Vincent no se casará con Sien debido a la enérgica protesta de Théo. M. E. Tralbaut, el biógrafo de Van Gogh, define este período como el tiempo de las rupturas, y menciona también en relación con ello, el de la ya citada ruptura con el pintor Mauve, figura por otra parte de segunda fila, pero que había tenido la paciencia de darle clases e impartirle algunos consejos. Van Gogh era un rebelde que sólo aprendía lo que le venía en gana. Estuvo a punto de romper con su hermano Théo, pero por suerte para él esta ruptura no se produciría nunca, lo cual no quiere decir que él no la buscara.

El doctor Vallejo Nájera ha escrito repetidamente sobre la inclinación sadomasoquista del pintor. Sin embargo, hay que decir que en toda persona impulsiva se hallan los dos componentes. Los elementos sádicos y masoquistas normalmente se encuentran juntos y se enmascaran por sublimación, pudiendo colocarse al servicio de determinadas funciones sociales. Por el contrario, en Vincent esta tendencia se había manifestado anteriormente en toda su pureza como sufrimiento y resignación; pero ahora, liberados sus impulsos, empezó a aflorar su agresividad, un sadismo que dirigía contra otros y en seguida volvía de nuevo contra sí mismo.

CAPÍTULO XI
EL NUEVO TALLER

Los dibujos que Sien le inspiraba eran de una belleza profunda, perturbadora, entre los cuales destacan dos titulados *Lamentación*, hechos en abril de 1882, cuando Sien se hallaba encinta de seis meses, y de los cuales más adelante realizó la famosa litografía conocida con este mismo nombre, que se cuenta entre sus mejores obras maestras. Dedicó uno de tales dibujos a Théo, cuya reacción es fácil imaginar a la vista de aquel desnudo femenino, con el cabello suelto, el cuerpo demacrado, usado, los senos flácidos, como un símbolo a la vez del dolor y la resignación, agachada en medio de flores y arbustos, en una naciente primavera. Vincent escribió debajo del dibujo esta frase de Michelet:

«¿Cómo es posible que exista en la Tierra una mujer sola y abandonada?»

La madre de Sien también le servía de modelo. La anciana, que se dedicaba a las tareas más humildes, posó para *La viuda*, obra realizada a lápiz, pluma y pincel, realzada en color sepia, y figuró en otros estudios en los que Vincent expresó de manera punzante las duras servidumbres del trabajo, la esclavitud del hombre y de la mujer, siempre atentos a sus penosas labores. Todos los dibujos de aquella época declaran esta misma idea.

A principios de junio, Vincent, contaminado por Sien, ingresó en el hospital para curarse de una blenorragia. Al salir de allí, corrió al hospital de Leyde donde Sien acababa de tener un hijo «un gentil muchachito». Vincent desbordaba de felicidad y ya veía el porvenir de manera distinta: la esperanza, la confianza, le dieron más coraje e incluso pensó en invitar a sus padres, con el fin de enseñarle al pastor «la casa clara y el taller, lleno de toda clase de dibujos en vías de ejecución».

Lo cierto era que acababa de alquilar otro estudio más amplio, dos casas más abajo, en la misma calle de Schenkweg, donde se instaló con Sien, el recién nacido, y un primer hijo de aquélla, una chiquilla raquítica, a la que también cobró un gran afecto.

Esta caricatura de vida familiar inundó de dicha el corazón de Vincent.

Casi sin recursos, a pesar de los envíos monetarios de Théo, dinero que los gastos de la casa se llevaban rápidamente, Vincent trabajaba desde la mañana a la noche en sus dibujos, tan vigorosamente expresivos, que alternaba con paisajes al óleo, perfectamente compuestos y pintados con colores claros, cuyo carácter hallaría su sitio en la producción contemporánea de la Escuela de La Haya.

Sin duda, Vincent habría adquirido cierta fama local de haber pintado siempre paisajes o figuras, pero ese hombre exigente consigo mismo, sólo soñaba con ir cada vez más lejos, y era el calor y el sosiego de su «hogar» donde hallaba la fuerza de realizar su cruel destino, apasionado, forzado como un bruto, lleno de esperanza un día, desalentado al siguiente, y cayendo de cuando en cuando en el más doloroso abatimiento, gritando su angustia y desesperación.

Estaba ya decidido a aguardarlo todo de la vida, a sufrirlo todo por anticipado, inclinando la cabeza ante los reproches, los sarcasmos, el oprobio. Esto, al menos, es lo que expresan sus confidencias a Théo.

Sien era su última esperanza como hombre, la ocasión que ya no esperaba despues del «No, jamás» de Kee Vos.

Creía con todas sus fuerzas que «lo que existe entre Sien y yo es real», y no obstante, debió volver a desistir de sus pretensiones de tener un hogar.

«¡Pero yo soy pintor!», exclamó, con un nudo en la garganta, hombre perpetuamente atormentado por faltas oscuras, penetrado de remordimientos secretos, igual que Sien, acusador y víctima a la vez.

Fue en La Haya, pese a todo, al lado de Sien y de la cuna en la que dormía el recién nacido, donde el pintor nacido de la confusión y las vacilaciones y dudas de los primeros años de trabajo, profundizó su visión, ejercitó su mano, fuera de las influencias contradictorias de sus maestros preferidos, de toda disciplina, de Anton Mauve, y de sus amigos de La Haya, de las modas y de los procedimientos más al uso. Buscó en todas direcciones, ensayó todas las técnicas y trató de desprenderse de las ideas pretéritas, anhelando otras que fuesen directrices en sus dibujos de aldeanos y obreros, en sus paisajes siniestros, en sus imágenes de la miseria o de la desdicha que multiplicó como si estuviese obligado a expresar la visión desesperada del mundo, el pesar de los hombres, su vida dura y penosa, sin la menor luz de esperanza.

Cuando empezó a pintar al óleo, lo hizo, al contrario, con colores claros, y en su frenesí, en su entusiasmo, en esa especie de «furor sosegado» que le procuraba la alegría banal y sencilla de su «hogar», sentía que *hay cosas de color que surgen en mí mientras pinto, cosas que no poseía antes, cosas grandes e intensas.*

Su exaltación iba en aumento, como si la confianza naciese de su enlace con Sien y de su propio trabajo.

Lo cierto es que el oprobio crecía a su alrededor. Tersteeg no cesaba de reprocharle su conducta, su tío Cor no apreciaba sus dibujos y no le envió más que veinte florines de los treinta que Vincent esperaba; Théo cada vez le apremiaba más a la ruptura con Sien, y el círculo se iba estrechando en torno a él. ¿Podría resistir Vincent, o iba a sucumbir?

La soledad le resultaba insoportable. A no ser por Sien y el niño, no hubiese podido resistirlo.

A los ojos de todo el mundo era un hombre socialmente caído, cuya conducta inspiraba repugnancia y desprecio, y era además «una nulidad, un ente original, un hombre despreciable, alguien que no tiene ni tendrá jamás una situación en la sociedad; en resumen, algo menos que un don nadie».

Por suerte, en agosto de 1882, Théo le visitó y aunque poco se sabe de lo que hablaron los dos hermanos tan dispares, aunque unidos por un intenso cariño, tal como Vincent esperaba, «Théo tomó afecto a Sien».

Théo debió de mostrarse, en efecto, comprensivo y generoso, puesto que en una carta escrita *bajo la impresión de tu visita, estoy contento de poder consagrar nuevamente mis fuerzas a la pintura,* y más abajo hay esta frase:

> *Ahora me considero como un ser privilegiado entre los millares de hombres, porque tú has allanado los obstáculos de mi camino.*

Durante varios meses más, Vincent vivió y trabajó en compañía de Sien. Las servidumbres de su matrimonio no le molestaban y en sus cartas a Théo no cesaba en sus elogios a la joven, aunque luego, durante el año 1883, una parte de su familia insistió para que abandonase a su amante.

¿Los motivos? Como le escribió Vincent a su hermano:

> *Yo no ganaba bastante, no era bueno para ella, la soportaba como modelo, pero sabía que la abandonaría más pronto o más tarde.*

Pese a esos avatares y a otros, como la falta de dinero, las deplorables costumbres de Sien, que gastaba los escasos ingresos y el dinero enviado por Théo en alcohol y tabaco, aquel período fue extremadamente importante para la formación de Vincent.

Leía mucho: Zola, Hugo, Balzac, Daudet, Carlyle, Dickens, y las *Cartas* y el *Diario* de Gérard Bilders, y le contaba incesantemente a su hermano sus descubrimientos, sus impresiones, sus críticas.

A veces, asimismo, soñaba con su antigua vida en su Brabante natal o en Borinage. Por otra parte, como no tenía bastante dinero para adquirir tubos y pinceles, su labor la dedicaba casi por completo a los dibujos, inspirándose en los individuos del hospicio, en los huérfanos, en los pescadores, en camareros, aldeanos, obreros y, desde la ventana de su taller, aquel año de 1883, realizó diversas vistas de la ciudad.

También dibujó, teniendo como modelo a Sien, la figura de *Lamentación*, y *La Gran Dama*. En conjunto, unos veinte cuadros y casi doscientos dibujos, en un período de veinte meses.

La separación

Théo no había renunciado a convencer a su hermano para que abandonase a Sien, la cual volvía a estar encinta. ¿De Vincent? El pintor ni siquiera se atrevía a plantearse la cuestión, puesto que sabía que a pesar del amor de que había rodeado a la joven, a los cuidados y a las pobres comodidades, ella había vuelto a prostituirse. Pero los recursos de caridad y perdón de Vincent eran infinitos, y su piedad hacia Sien parecía aumentar a cada una de sus faltas, hallando siempre disculpas a sus extravíos.

Se sentía engañado, burlado, más ¿qué importaba? Sentía verdadera lástima de ella, *y este sentimiento es tan intenso que todo lo eclipsa.*

Para arrancarla de la mala influencia de su madre y de sus demás familiares, Vincent soñaba, con una tremenda ingenuidad, en establecerse con ella en una aldea, *donde la naturaleza se impondrá a cada instante a sus miradas.*

Esta perspectiva no gustaba demasiado a Sien; en realidad, no deseaba enmendarse, ansiaba seguir bebiendo, ocupándose apenas de la casa y de sus hijos, teniendo unos accesos de humor insoportables, si bien Vincent no dejaba de preguntarse si no sería él la causa de esta mala conducta, y si el dinero gastado en tubos y pinceles no desagradaría a la joven...

Apremiado por Théo, finalmente estuvo de acuerdo en separarse de Sien, no porque sus sentimientos hubiesen cambiado ni porque considerase «su misión» finalizada, sino por no poder rodear a la joven de más comodidades, pensamiento que le desgarraba el alma.

Pero Sien, le prometió «entrar a servir», y Vincent decidió ir a Drenthe, al norte de Holanda, cuya áspera belleza le había descrito Van Rappard.

Los escrúpulos de Vincent eran ingenuos. En vez de entrar a servir, Sien, alentada por su madre, entró en una «casa de tolerancia». Vincent se desesperó, como cada vez, como siempre, puesto que cada día sufría más desengaños, más decepciones.

Entonces, deseando cambiar de aires, de estar nuevamente a solas consigo mismo, se instaló primero en Hoogeren y luego en Nieuw-Amsterdam, en la Drenthe, donde estuvo dos meses, dibujando y pintando los paisajes lúgubres que correspondían a su estado de ánimo; la sombría belleza de aquella región, de contrastes brutales, donde «todo se resuelve en una gama de grises exquisitos», exaltó nuevamente su espíritu.

El pastor y su esposa no entendían a su hijo. Pese a mostrarse caritativos con él, no comprendían su conducta. ¿Qué les preparaba su Vincent? ¿Qué camino pensaba seguir? ¿Qué dirección elegiría? ¿Y cuándo decidiría trabajar seriamente, llevando una existencia ordenada? Aquel muchachote hirsuto y demacrado, que había roto completamente con la religión, y que pintaba paisajes tan poco atractivos, no podía endulzar sus vidas, tanto más cuanto que la gente de la población volvía a murmurar.

Pese a lo cual, Vincent regresó al hogar paterno, y allí no fue mal recibido.

Por su parte, el joven fingía ignorar las dudas de sus padres y los rumores de los demás, aprovechando aquella calma relativa para profundizar en su búsqueda pictórica del «tono local», a fin de penetrar más en la técnica de la composición y los colores.

En los últimos meses de aquel año, estuvo en La Haya para ver de nuevo a Sien, y esa entrevista lacerante reavivó la herida de su corazón, puesto que encontró a su antigua compañera «en una profunda miseria... sola, debiendo trabajar para ella y sus hijos».

Es fácil imaginar el encuentro entre aquel desecho miserable en el que él había cifrado todas sus esperanzas, y Vincent, tan dolorosamente conmovido por unos recuerdos tan cercanos, pero ya, gracias a sus nuevas adquisiciones, a sus conquistas pictóricas, tan alejado de ella, convertido en un verdadero pintor, maestro de su arte, entregado en cuerpo y alma a la única aventura que podía abrirle un día las puertas del reino de la luz.

CAPÍTULO XII

LA VIDA EN NUENEN

Los Van Gogh vivían ya en Nuenen, donde el pastor ejercía desde unos meses antes su ministerio, y Vincent se instaló en aquella población, montando un estudio en la sacristía de la iglesia católica, donde trabajaba afanosamente. En aquella «casa de espectros», como la calificó su hermana, pintaba aldeanos, tejedores y otros seres humildes.

El 17 de enero de 1884, al descender del tren de Helmont, su madre se fracturó una pierna.

Vincent acudió a cuidarla con gran solicitud, y esto le obligó a interrumpir por unos días su tela de *Los tejedores*, que tardó varias semanas en terminar.

Para distraer a la enferma, pintó para ella la pequeña iglesia protestante de Nuenen, con la haya y los árboles que la rodeaban; pero la calma duró muy poco, y sus discusiones con su padre respecto a la religión fueron cada vez más frecuentes y más violentas.

El carácter del joven se iba ensombreciendo y escribía a Théo unas cartas llenas de frases e ideas injustas, llenas de reproches sobre su pasada actitud, acusándole de «una amistad neutral, traidora» respecto a él, y de indiferencia y desprecio hacia Sien, pese a reconocer que «tus intenciones fuesen buenas».

Van Rappard llegó a Nuenen en mayo. Admiró sin reservas las obras de Vincent, el cual ante tales elogios cobró nuevas fuerzas. La pasión sombría, la violencia apenas contenidas de sus telas, las escenas de la vida pueblerina o campesina, sorprendieron más a Rappard que la existencia ascética que llevaba su amigo.

Vincent, por su parte, cada vez se interesaba más por los problemas técnicos, por las relaciones entre los colores, y en el verano de 1884 escribió en diversas ocasiones a Théo y a Van Rappard, comunicándoles sus impresiones, sus opiniones y sus críticas.

Por ejemplo, había empezado por pintar según el «tono local», y después, lentamente, descubriendo él mismo los problemas, avanzado a tientas por un terreno inexplorado, se daba cuenta de que:

> *... un rojo gris, relativamente poco rojo, parecerá más o menos rojo según los colores que le rodeen. Lo mismo ocurre con el azul y el amarillo. Por consiguiente, basta con poner un poco de amarillo en un color para que éste sea muy amarillo, cuando ese color se coloca en, o al lado de un violeta o un lila.*

Leía las dos obras de Charles Blanc: *Artistas de mi tiempo* y la *Gramática de las Artes del Dibujo,* los libros sobre arte de Fromentin, de Goncourt... y le aconsejó a Van Rappard los poemas de François Coppée... y los de Jules Breton.

Una enamorada de Van Gogh

Aquel período de búsqueda y tensión se vio perturbado por un suceso inesperado: la hija de «Nuné-ville», la casa contigua a la de los Van Gogh, Margot Begeman, de unos cuarenta años de edad, poco agraciada aunque llena de buenas cualidades, se enamoró de Vincent.

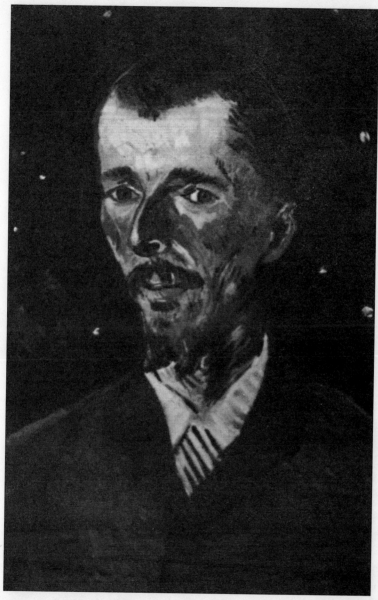

Otro de sus pocos amigos, el pintor belga Eugène Boch, retratado por Van Gogh en Arlès.

Como vivía en una gran soledad, sólo ocupada en sus obras de caridad, estaba animada, al igual que Vincent, por el afán de dedicarse a los demás.

El hijo del pastor, por su parte, con el mismo ardor de antaño, empezó a corresponder a aquella pasión, hasta el punto de pensar ya en el matrimonio.

Pero el joven no contaba con la familia Begeman, que considerando a Vincent un fracasado, se opuso a tal unión. Desesperada, la mujer, cuyo estado nervioso dejaba mucho que desear, se envenenó tomando estricnina, y hubo que llevarla a una clínica de Utrecht, donde su «prometido» fue a visitarla.

Una vez más, sus esperanzas habían muerto; no había creído en Margot más que por una inclinación casi inconsciente de su afectividad; la verdad era que no creía en nadie más que en su obra, puesto que era en la pintura, y sólo en ella, donde esperaba hallar «el medio de vivir sin segundas intenciones».

Muerte del padre

Durante aquel invierno continuó pintando y dibujando campesinos, de los que esperaba que se dijese, como se decía de los de Millet, «que parecen pintados con la tierra que siembran».

A su alrededor todo le interesaba, todo le llamaba la atención: un herrero, un cestero, una mujer barriendo o moliendo café, pelando legumbres, limpiando una marmita, un hombre fumando en pipa, otro sentado en un banco...

Utilizaba uno tras otro, la mina de plomo, la tiza, el carboncillo, el carbón, la acuarela o el óleo, y siempre sus obras revelaban un temperamento original, animado por la pasión de la verdad.

El 26 de marzo de 1885 falleció súbitamente su padre, de apoplejía. Naturalmente, fue un duro golpe para Vincent, a pesar de todas las discusiones, de todas las diferencias que le habían separado últimamente de él.

Vincent deseaba enviarle a su hermano *Las comedoras de patatas*, como regalo de cumpleaños el 1.º de mayo, pero a finales de abril el cuadro todavía estaba por acabar. Entonces envió a Van Rappard una litografía hecha en el taller de un impresor de vitolas de puros de Eindhoven, un tal Gertel, y éste, ante su enorme asombro, respondió formulando una crítica muy ácida, acabando con esta frase que a Vincent le causo un efecto demoledor:

«¿Te atreves a invocar el nombre de Millet y el de Breton, respecto a un trabajo como ése? ¡Veamos! Yo opino que el arte es una cosa demasiado sublime para tratarlo con tanta desfachatez.»

Al día siguiente, Vincent le devolvió la carta. Y aunque herido en su amor propio, el joven le escribió varias veces más durante las semanas siguientes, si bien es cierto que el lazo que existía entre ambos estaba roto; sus relaciones, que duraban ya desde hacía cinco años, aún se mantendría algún tiempo, pero cada vez más espaciadas, hasta que un buen día dejaron ya de escribirse.

Las comedoras de patatas, su primera tela compuesta, constituía una especie de homenaje a la vida campesina, una forma de vida que Vincent deseaba reflejar en su obra, y era también la síntesis de una serie de búsquedas escalonadas entre octubre de 1884 y la primavera de 1885. De esta composición existe un pequeño boceto en cartón, con cuatro personajes, ejecutado en marzo, poco antes del fallecimiento del pastor, y otras dos versiones con cinco personajes, ligeramente diferentes, la primera de abril de 1885, la segunda de mayo, mayor y más definida. Una primera idea del cuadro con cinco personajes, con un boceto, figura en una carta enviada a Théo de febrero a marzo; y también hay varios estudios a lápiz y a pluma con distintas variantes. Una litografía intermedia entre las dos versiones fue ejecutada, además, en un solo día y de memoria, en abril de 1885.

En sus cartas a Théo y a Van Rappard, hasta el envío de la litografía a éste, relatan toda la historia del cuadro.

> *Yo quería* —le escribió a su hermano en el mes de mayo de 1885—, *dar conscientemente la idea de que esa gente que, bajo la lámpara comen las patatas con sus manos, manos que meten en los platos, son también las que han labrado la tierra, de manera que mi cuadro exalte el trabajo manual y el alimento que ellos se han ganado con tanta honradez.*

El 29 de abril de 1890, en los últimos días de su estancia en el asilo de Saint-Rémy-de-Provence, tres meses antes de morir, Vincent intentó rehacer su cuadro, de memoria, esbozando un dibujo.

Traslado a Amberes

Después de la muerte de su padre, Vincent pensó establecerse en Amberes, no sólo para instalar allí un taller sino también para dar tal vez lecciones de pintura. Sobre todo, ansiaba estudiar otros cuadros, particularmente los de Rubens, «que deseaba ver violentamente».

Del período de Nuenen hay catalogados doscientos cuarenta dibujos, todos sobre el mismo tema de la vida rústica: escenas de exteriores e interiores, retratos... Los ciento ochenta y cinco cuadros, casi un cuarto de la producción total de Van Gogh, comprenden unos cincuenta paisajes, unas cuarenta naturalezas muertas, casi cien figuras, estudios de cabezas y escenas de movimiento, aparte del admirable fresco de *Las Comedoras de patatas.*

No se conoce, sin embargo, toda la obra que realizó en Nuenen, puesto que los cuadros y dibujos abandonados en el taller, fueron enviados a la fábrica de papel para ser machacados o dispersados por los traperos.

Finalmente, el 27 de noviembre 1885 salió de Nuenen. Había elegido la ciudad de Amberes para intentar la venta de sus obras, para cambiar de aires y para tratar, una vez más de hallar un trabajo que le permitiera contar con ingresos regulares.

CAPÍTULO XIII

UNA ÉPOCA DE TRANSICIÓN

A su llegada a Amberes, Vincent alquiló una habitación en el 194 de la calle Longue des Images, por 25 francos al mes.

Casi totalmente falto de dinero, apenas comía y pasaba días enteros en el museo donde había descubierto con sorpresa y emoción a Rubens: el color que canta y encanta, vibrante, con el fuego barroco de los cuerpos entremezclados bajo la luz.

Había pasado sin transición de los interiores apacibles, de los contraluces dorados, del recogimiento y el fervor de los pintores holandeses, a la rutilante exuberancia, a la suntuosidad, a la exaltación del color, y él, que había vivido tanto tiempo en medio de los brezales, que había conocido el silencio de los inviernos, la paz de la Naturaleza, la vida humilde de la gente del terruño, trabó de pronto conocimiento con la gran ciudad coloreada, «tentacular», cuya población era tan heteróclita como burbujeante.

Empezó a pintar poco a poco, primero unas vistas de la ciudad, principalmente de la catedral y el puerto.

Cuando su hermano le envió algo de dinero, tomó una modelo, una prostituta de carnes opulentas, una «Rubens» viviente, con una soberbia cabellera negra, con la que Vincent trató de «hacer algo a la vez voluptuoso y desolado».

Los cuadros que había traído de Nuenen empezaban a parecerle sombríos, por lo que intentó reavivar por el color las espléndidas formas desnudas de aquella mujer, cuya piel dorada estaba tan alejada de la piel seca y ruda de las aldeanas del Brabante.

Todavía seguía aferrado a las armonías lúgubres de su primera formación pictórica, pero la luz ya se apuntaba en sus composiciones.

Su trabajo en Amberes

En una tienda portuaria descubrió y adquirió unas estampas japonesas en colores, que le encantaron por la gracia ingenua de aquellas imágenes de colores francos, sin matices, y las clavó en las paredes de su habitación, para tenerlas constantemente bien a la vista.

En aquel taller improvisado realizó diversos autorretratos, los primeros que de él se conocen, en busto y fumando en pipa, pintados al óleo o dibujados, con el rostro tenso, la expresión dura y enérgica. Durante toda su vida, Vincent no cesó de interrogar a su rostro con angustia, tratando de descifrar en sus rasgos el enigma del destino que le atormentaba. Así, le escribió a su hermano:

> Sea como sea, quiero avanzar a cualquier precio, y quiero, sobre todo, ser yo mismo. Siento en mí la obstinación, y estoy por encima de lo que la gente pueda pensar de mí y de mi trabajo.

Dibujaba al mismo tiempo paisajes como vistas de la catedral, pero siempre prefirió con mucho los rostros de las personas, y siempre intentaba averiguar, buscando apasionadamente, lo que encerraban de verdadero las caras humanas.

Al mismo tiempo se sentía torturado por tener que vivir casi a expensas de su hermano. ¡Estaba decidido a hacer cualquier cosa para ganarse la vida por sí mismo!

Pero un día en el que decidió ofrecer una vista del Steen a unos marchantes, dos se hallaban ausentes y el tercero no la encontró de su agrado.

Tanta desdicha o tan poco talento acabaron por irritarle, y a Théo, que demoró el envío de una modesta cantidad con el fin de solucionar una deuda propia, le dirigió una violenta diatriba, que el hermano no se merecía, toda vez que acababa de enviarle ciento cincuenta francos.

Respecto a sus obras, Vincent van Gogh dio toda su plenitud por el color a la potencia visionaria que le invadía y que ya había expresado entes de soñar en pintar, en sus sermones de misionero. Como éstos, su pintura iba a escandalizar por su audacia anticonformista, por su vehemencia, por su rebeldía, mas por el momento, se trataba, siguiendo el ejemplo de Rubens, de desembarazarse de la pintura negra, por cuyo motivo estudió cuidadosamente el juego de los colores complementarios, primera etapa de su liberación.

A fin de poder adquirir colores y pinceles, apenas comía, contentándose con algo de pan y, eso sí, fumaba sin cesar para engañar al hambre. Debido a su debilidad, sufría a menudo violentos dolores de estómago.

Pese a sus escasos gastos, casi nunca tenía dinero para pagar a una modelo, de manera que pensó en inscribirse en la Academia, un monumento enorme cuyas puertas cruzó con cierta inquietud.

Pero el director, Karel Verlat, era un hombre liberal, desprovisto de prejuicios, por lo que no se extrañó ante aquel candidato de treinta y dos años, de rostro demacrado, mirada fija, que llevaba un mandil de chalán, y cuya cabellera rojiza se escondía a medias bajo una gorra de paño.

El 18 de enero de 1886, Vincent obtuvo el permiso de ingreso en la Academia.

Las quejas a su hermano son constantes:

He de decírtelo claramente: poco a poco va asaltándome el temor de no poder llegar en estas circunstancias a la meta; mi constitución sería lo bastante fuerte si no hubiera tenido que pasar hambre durante tanto tiempo, pero siempre ha sido así: o pasaba hambre o trabajaba menos, y siempre que me fue posible opté por lo primero. ¿Cómo se puede soportar esto? Veo las consecuencias de esta situación tan nítidamente que me preocupa cómo voy a seguir adelante...

... Hoy por la mañana el tiempo mejoró y he salido a pasear para pintar. Pero no he podido; me faltan cuatro o cinco colores, y he vuelto a casa sintiéndome sumamente desgraciado...

... Estimo mucho tu fidelidad, hermano, pero me pregunto si no debería decirte que renuncies a seguir ayudándome, porque, de todos modos, no llegaré a nada; es demasiada carga para una sola persona y no hay ninguna esperanza de conseguir ayuda por otro lado. ¿No es suficiente prueba de que hemos de darnos por vencidos?

Y sin embargo, por el momento seguía en la brecha. Tras cada una de sus pinceladas se hallaba la posibilidad de la catástrofe. Una amenaza patológica en la que siempre se encontraba en juego la autodestrucción. La pintura era una respuesta a la amenaza existencial, el cuadro era el final formal de la más peligrosa provocación de todo su sentimiento vital y su garantía. Vincent se mantuvo siempre al borde del caos, de allí sacó sus cuadros y con ellos conservó su precario equilibrio... mientras fue posible, es decir, mientras su ardiente espíritu soportó la provocación. Quemado por su tierra que arde, sus ojos eléctricos, sus árboles y sus hierbas crepitantes como lenguas de fuego, sus caminos, sus casas, sus figuras, todas las caras de los hombres trastornadas,

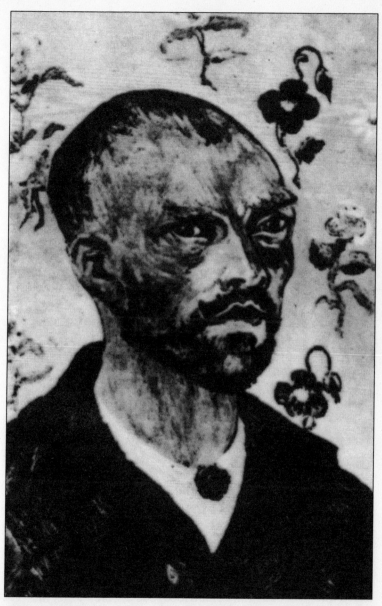

En Arlès compartió trabajo y vivienda con Gauguin, a quien dedicó este autorretrato.

combadas, abolladas, como si exprimieran algún incendio subterráneo o sentimental. La pintura de Van Gogh es una pintura de piedras preciosas y de oro joven. La vida hormiguea agobiada en sus diseños, lluvia de anillos enrojecidos, donde el alma y los sentidos se corroen, alegría querida y rabiosa de asceta apóstata.

CAPÍTULO XIV

EN LA ACADEMIA DE BELLAS ARTES

En la Academia había unos sesenta alumnos, de los cuales diez eran alemanes, con algunos ingleses, todos ellos hijos de la burguesía, muy asombrados de ver al recién llegado, que se servía para pintar, a guisa de paleta, de una plancha arrancada a un cajón de azúcar. El primer día posaron en la sala del estudio dos luchadores. Vincent los pintó con furia, febrilmente, sin preocuparse ni de las reacciones de sus compañeros ni de la de Verlat, al que este modo de proceder intrigó mucho.

—Dime —le interrogó el director de la Academia— ¿quién eres tú?

—Yo soy Vincent el Holandés.

—Amigo mío —replicó Verlat—, yo no corrijo a los perros podridos. Ve a la clase de dibujo.

Vincent obedeció. El pintor Eugenio Siberdt dirigía la clase donde copiaban a los maestros antiguos, cosa que Vincent no había querido hacer en casa de Anton Mauve.

Por la tarde asistía al curso de otro pintor, Frans Vinck, con el que estudiaban los modelos en vivo. Pero también allí tuvo que soportar los sarcasmos o las observaciones burlonas de los demás estudiantes.

En realidad, entre todos los estudiantes que conoció, sólo tuvo un amigo, un joven inglés llamado Levens, que pintó su retrato a la acuarela, de cara enjuta, muy angulosa, las mejillas hundidas, su enorme nariz como un gancho deshuesado, y los labios estrechos apretando la eterna pipa. Sin duda, era la primera vez que a Van Gogh lo retrataba un colega. Esa obra, reproducida en el primer número de la revista flamenca *Van Nu en Straks*, ha desaparecido.

Su salud no era buena, su trabajo inseguro. Vincent llevaba ya algún tiempo tratando de interesar a Théo en un proyecto: reunirse con él en París. Y si bien el hermano no se negaba a ello, tampoco se mostraba excesivamente dispuesto a aceptarlo, sabedor de que iba a tener a Vincent enteramente a su cargo y que, además, su carácter era cada vez más difícil.

Las últimas cartas de Vincent estaban, por lo tanto, llenas de amargas quejas y acusaciones; según él, Théo se dejaba llevar demasiado «por las generalidades y los prejuicios», y para colmo de incomprensión a este respecto, le pidió, si insistía en ir a París, que retrasase la partida hasta julio, cosa que a Vincent le hizo muy poca gracia.

De todas maneras, el joven pintor se felicitaba de haber ido a Amberes, puesto que comprendía perfectamente que le era necesario «perfeccionarse en diversos dominios».

En efecto, se consideraba muy torpe en relación con los otros alumnos de la Academia; la razón era muy simple: su vida había sido muy difícil, demasiado atormentada para poder trabajar correctamente, *abatido por las necesidades o los pesares, y falto de amigos verdaderos.*

Una idea se iba abriendo paso en su cerebro: fundar, juntamente con Théo, un taller de pintura, aunque Vincent no ignoraba las dificultades de tal empresa.

Pero la perspectiva de compartir su existencia con su hermano mayor no gustaba a Théo.

No obstante, con su ignorancia habitual de las contingencias, Vincent propuso, tan pronto llegase a París, donde ansiaba volver a visitar el Louvre y el Luxemburgo, alquilar una habitación con alcoba y una buhardilla o un granero.

*Podrías considerar la habitación y la alcoba como
tu apartamento* —escribió—, *al que daríamos un
toque lo más íntimo posible.*

A sus ojos, Théo y él formaban una sola y única persona,
y Vincent no vacilaba en arrogarse el derecho de conocer y
juzgar la conducta de su hermano menor.

Y cuando éste protestó, Vincent multiplicó las acusaciones y los reproches, que Théo soportaba sin rechistar, como
resignado a su suerte, a ser el esclavo y la sombra de su hermano mayor, que cada día pesaba más en su vida, imponiéndole su voluntad.

La identificación Théo-Vincent caracterizó más cada vez el
comportamiento del pintor. Principalmente, se operó en el plano
de las desgracias afectivas respecto a las mujeres. En los momentos en que Théo experimentaba los mismos sinsabores que su
hermano, por negativas o rechazos, se identificaba con Vincent,
y éste, a su vez, se apoderaba del personaje interpretado hasta
entonces por Théo, aconsejándole, guiándole y ayudándole a
vencer las dificultades que tan bien conocía.

Fue esto lo que sucedió en la primavera de 1886, cuando
unas relaciones, no exentas de dificultades, mantuvieron ocupado a Théo, causándole «demasiadas preocupaciones y muy
pocas satisfacciones».

Unos meses más tarde, en pleno verano, mientras Théo
pasaba sus vacaciones en Holanda, Vincent, ya instalado en
París, continuó aconsejando a Théo, y luego, cambiando de
tono, llegó a proponerle ocupar su sitio cerca de su amante,
para librarle de ella, «a menos que un matrimonio razonable
no solucione el asunto».

En Amberes, mientras tanto, el aprendiz de pintor no se
entendía en absoluto con Siberdt, cuyos métodos de enseñanza le enfurecían. Ansiaba salir de Amberes hacia París,
por lo que urgía a su hermano para que marcharan lo antes
posible.

Théo, por su parte, hubiera preferido ir a verle a Nuenen, donde su presencia sería agradable para su madre, pero Vincent sólo quería ir a París.

Y una mañana, a principios de marzo, Théo recibió un billete, escrito en francés, como todas las cartas porteriores de Vincent:

> *No te enfades por llegar de repente, puesto que he reflexionado mucho y creo que de esta manera ganamos tiempo. Estaré en el Louvre a partir del mediodía, o antes si quieres.*
>
> *Responde para saber a qué hora podrás estar en la Sala Cuadrada. Respecto al gasto, te repito, que es el mismo. Por lo demás, tengo un poco de dinero y antes de realizar el menor gasto deseo hablarte. Ya verás como todo irá bien.*

Vincent acababa, pues, de abandonar Amberes en dirección a París. Y al salir de Bélgica había dejado la mayor parte de sus telas, de las que solamente restan hoy día una docena; dos autorretratos, unos estudios de hombres y mujeres, unas vistas de la ciudad y del puerto, unas tristes, otras luminosas, que evocan la técnica impresionista por sus pequeñas pinceladas fluidas y rápidas.

Allí, de acuerdo con sus cartas, también ejecutó un buen número de dibujos y bocetos: paisajes del Steen, desnudos, bocetos de manos, cabezas infantiles y gran cantidad de escenas callejeras, de los cafés del puerto o de los bailes.

Amberes fue la también época de las primeras visiones premonitorias, de los sueños proféticos en los que Vincent se reveló el anunciador inspirado de los tiempos futuros.

Así, antes de partir, le escribió a Théo:

> *Estamos viviendo el último cuarto de un siglo que terminará con una colosal revolución.*

CAPÍTULO XV
VINCENT CONOCE EL IMPRESIONISMO

Doce años antes, y por primera vez, un grupo de pintores, casi todos refugiados del Salón, o adversarios del carácter tremendamente académico de aquella institución, exponía sus obras en la tienda del fotógrafo Nadar, en el bulevar de los Capuchinos. Un crítico los bautizó como «impresionistas», término que arraigó entre ellos y en la mente popular, consagrando una técnica determinada que la mayoría se apresuró a abandonar.

Vincent, un año más tarde, en 1875, estuvo en París, pero aquel año no se celebró ninguna exposición «impresionista», porque el 24 de marzo había tenido lugar, en el hotel Drouot, una venta pública de telas del grupo, que resultó desastrosa.

Al año siguiente, Van Gogh salió de París unos días antes de la segunda manifestación del grupo, aunque más tarde se interesó por aquel movimiento del que sus amigos pintores de Bruselas hablaban a menudo y que ningún artista podía pasar por alto.

A comienzos de 1886, se estaba preparando la octava y última exposición impresionista, que había aumentado mientras tanto, y las discusiones eran vivas y constantes entre los artistas de las diversas tendencias.

Vincent se encontró con Théo en el Louvre, según lo convenido, pero quedó decepcionado al saber que no podía trabajar en el apartamento de su hermano menor de la calle de Laval (hoy de Victor Nassé), por ser excesivamente pequeño.

99

Por consejo del propio Théo, se inscribió en el más «oficial» de los estudios de pintura, el del académico Fernand Cormon, un vanidoso mediocre, gran especialista de reconstituciones históricas y prehistóricas, cuya fama era considerable.

Allí, Vincent sufrió las mismas humillaciones que en Amberes. Y todos los alumnos lo tachaban de loco.

Sin embargo, entre los alumnos, Vincent trabó algunas amistades, especialmente con Louis Anquetin, el australiano o John Russell, y sobre todo, con un casi enano, que andaba como a saltitos sobre sus piernas frágiles, un aristócrata refinado, de 22 años, con una gruesa nariz roja en una cara de cabellos ralos, gruesos labios húmedos, y las mejillas y la barbilla llenas de pelambre. Su mirada de miope revelaba una inteligencia fuera de lo común. Se llamaba Henri de Toulouse-Lautrec Monfa.

Con Vincent trazó rápidamente una buena amistad. Y tanto Henri como Anquetin estuvieron de acuerdo en que el estudio de Cormon era peor que un infierno para los estudiantes de la pintura.

Pero Vincent había ya descubierto la luminosidad de París, luminosidad clara lo mismo en verano que en invierno. Y esto hizo que se dulcificasen un tanto los desgarramientos de su corazón.

Por su parte, Théo estaba bien empleado en la casa Boussod y Valadon, del bulevar Montmartre, donde se exponían las telas de moda, las de los ases del Salón y de los pontífices del Instituto, aunque también, entre éstas, las de Renoir, Pissarro, Monet y Degas, que se vendían mucho menos, y a precios mucho más bajos. Théo no era dado a la aventura, pero a veces recomendaba a los clientes un cuadro de Monet, por ejemplo, antes que otro de un pintor consagrado por la fama.

Unos días después de su llegada a París, Théo le presentó a Pissarro a su hermano. Aquél era un impresionista de la primera hornada, al que Théo conocía desde el año anterior.

Tenía ya unos 50 años, y si todavía no había impuesto su nombre, trabajaba calurosa y serenamente, aplicando las teorías de la descomposición de la luz de Seurat en su gran cuadro: *Un domingo en la Grand Jatte*, que a pesar de fuertes oposiciones fue expuesto en la octava manifestación impresionista de 1886.

Vincent, por su parte, le enseñó sus telas a Pissarro, el cual las estudió atentamente, mas sin decir nada. ¿Adivinó qué extraño destino se ocultaba tras ellas? Más adelante confesó:

> *Entonces intuí que Vincent se convertiría en un loco o que dejaría el impresionismo muy lejos, detrás suyo. Y no dudé de que estas intuiciones serían exactas.*

La vida de Van Gogh en París

Fiel a sus hábitos de paseante solitario, Vincent vagaba por las calles de Montmartre, pintando de cuando en cuando lo que veía a través de sus ojos de pintor, ahora ya un poco más alegre, menos melancólico, menos negro.

A veces, Théo le acompañaba en sus paseos. Luego, a mediodía y por la noche, tomaban sus comidas en la fonda de la madre Bataille, calle de las Abadesas, donde se codeaban, apretados casi unos contra otros por la estrechez del local, con otros pintores, como Toulouse-Lautrec, y un joven holandés, llamado André Bonger, apodado Dries, con cuya hermana Johanna se casó más tarde Théo.

No todo era de color de rosa cuando se convivía con un hombre como Vincent van Gogh, y Théo no tardó en padecer esta experiencia. A instancias de aquél, que no podía trabajar en un sitio tan mezquino como en el que vivía, aceptó buscar un nuevo alojamiento, que halló en el 54 de la calle Lepic, y allí se trasladaron los dos hermanos en junio.

En el otoño de 1886, Théo le presentó a su hermano un robusto mocetón, de aspecto majestuoso, muy charlatán: Paul Gauguin. La franqueza brutal de éste, sus afirmaciones autoritarias, que contrastaban con la modestia y las vacilaciones de los demás impresionistas, subyugaron a Vincent. Hacía tres años que Gauguin, de 38 años de edad, había abandonado una situación floreciente, un hogar dichoso y una muelle tranquilidad financiera para vivir la aventura tumultuosa del arte. Acababa de regresar de PontAven, en Bretaña, donde había trabajado mucho, pero carecía de dinero, y Van Gogh admiró su tenacidad y su fe en sí mismo.

Los dos pintores se reunían a menudo, discutiendo, charlando, discurseando y vaticinando, en las mesas de mármol del café, o chocando sus vasos entre el humo de sus pipas, el tumulto de las conversaciones, los gritos, las risas de las muchachas, mientras Vincent volvía a su idea favorita: la de un estudio en común, una fraternidad en el trabajo. Con Gauguin todo podría ir bien.

Desde algún tiempo atrás, se veía al holandés llamado Dries en un tenducho de la calle Clauzel, detrás de Nuestra Señora de Loreto, donde se encontraba la tienda del marchante en cuadros Tanguy; allí se reunían pintores jóvenes, la mayoría impresionistas rechazados en el Salón, así como algunos amantes de la «nueva pintura».

Fue sin duda Théo quien le presentó a Vincent aquel viejo personaje que se declaraba anarquista. El «padre» Tanguy creía en sus pintores, Pissarro Cézanne, entre otros, y les concedía un crédito ilimitado por sus telas. Tanguy, con su perspicacia, había comprendido a Vincent, había adivinado que pertenecía a la talla de los mejores, y al final le presentó al que, para él, era el mejor de todos los pintores: Paul Cézanne.

A los 47 años, Cézanne era, como Van Gogh, un inde-
pendiente. Voluntarioso, brutal, entero en sus convicciones,
furiosamente apasionado, sólo recibía sarcasmos e injurias.
Sus cuadros, cuando los exponía, eran objeto de burla y
escándalo.

Una tarde, durante una de las raras estancias que efectuaba
en París, Cézanne entró en la tienda de Tanguy. Vincent estaba
presente, la pipa en la boca, el aspecto lúgubre.

Cézanne, siempre alerta, inquieto por los primeros con-
tactos, examinó las telas de Vincent, que le enseñó el padre
Tanguy. Los dos hombres no cambiaron ni una sola palabra.
El provenzal miró los paisajes, las naturalezas muertas, las
figuras, y al final suspiró:

—Decididamente, tu pintura es de loco...

La terrible palabra que a menudo había atravesado a Vincent
como una lanza, penetró una vez más en su carne. Antes, sus
padres, los ministros protestantes del Consistorio, sus ene-
migos de Nuenen y los alumnos de la Academia de Amberes,
y ahora Cézanne... ¿quién más mañana? ¿Acaso era preciso
disculparse, explicarse sin cesar? Por otra parte, Vincent no
consideraba el impresionismo como un fin, sino sólo como
una etapa en el dominio de la pintura.

CAPÍTULO XVI

LA VIDA SENTIMENTAL DE VAN GOGH EN PARÍS

Théo se había ido a pasar unas vacaciones a Holanda, y Vincent se preocupaba por la amante que aquél había dejado en París, y de la cual deseaba librarse, y con la que quería entrar en relaciones «aunque no para casarse».

Continuaba sin vender nada, lo que era lo normal entre sus amigos, por lo que la situación general era desesperada.

A pesar de esto, Vincent reanudó sus esfuerzos pictóricos con más furor que nunca, y esta vez concentró su tarea en un cabaret del bulevar Clichy: «Le Tambourin», donde acudían algunos pintores. El lugar, poco frecuentado, lo regentaba una joven alta y robusta, morena, amable y un poco lánguida, que había sido modelo de Corot y de Gèrome. Se llamaba Agustina Segatori, de origen italiano, bastante fácil además.

Vincent había participado en la decoración heteróclita del cabaret, que había abierto sus puertas no hacía mucho, adornado con tamboriles y con estampaciones japonesas que el propio Van Gogh había aportado.

La bella italiana Segatori no tardó en ser amante de Vincent, el cual, muy excitado por estas nuevas relaciones, no callaba sus elogios a aquel lugar, poco propicio, por otra parte, a las exposiciones de pintura.

El invierno de 1887 volvió a traer el frío, la niebla, la melancolía y la angustia, y la calma y la seguridad de los primeros meses cedió el lugar a la inestabilidad, la exaltación del joven pintor. El carácter impulsivo de éste estallaba en frecuentes discusiones, con accesos de cólera, y en reproches que Théo empezaba a soportar con dificultad.

Aquel invierno, Théo escribió a su hermana Anna:

> *La vida aquí es casi insoportable. Nadie quiere venir a mi apartamento porque él lo único que hace es discutir. Además, no se preocupa en absoluto para que resulte un poco agradable. Y no quiero decirle que se marche porque esto haría que, por el contrario, quisiera quedarse. Espero que no tarde mucho en irse.*

Las exposiciones de «Le Tambourin» fueron un fracaso, y los amores de Agustina Segatori con Vincent, pese a ser muy breves, dejaron un poso de amargura en su alma.

El invierno dejó paso a la primavera y Van Gogh reemprendió de nuevo la pintura. Y nuevas telas hicieron su aparición en la segunda primavera en París. Quizá, el cuadro más destacado de aquel entonces fuera *Campo de trigo*.

El 14 de julio, la calle engalanada, le inspiró un cuadro sorprendente con toques rápidos y amplios, de colores violentos, pintados febrilmente, con rabia, siendo la primera obra *fauve* de Vincent van Gogh.

Adiós a París

Las dificultades no terminaban nunca. La madre Tanguy le reprochaba a su esposo su liberalidad hacia Vincent y, aunque éste disimulaba su decepción tras una satisfacción aparente, se enteró con rabia de los proyectos matrimoniales de Théo, pues sabía que aquel enlace rompería con la intimidad de los dos hermanos.

A menudo pensaba en el suicidio. Después de una disputa violenta con Théo, Vincent se fue a vivir por un tiempo

En este cuadro pintó el café de la estación, que tanto frecuentaba en Arlès.

indeterminado con un joven pintor inglés que también se dedicaba a la compra-venta de cuadros: Alexander Reid. Los dos se habían conocido en el estudio Cormon, simpatizando al punto, y como se parecían bastante físicamente, a veces la gente los confundía. Vincent hizo el retrato de su amigo.

Sin duda, fue cuando vivían juntos que pensaron en un suicidio doble, por motivos sentimentales el inglés, y Vincent por sus preocupaciones monetarias. Una idea demencial que, por fortuna, no intentaron llevar a cabo.

De pronto, Van Gogh decidió, sintiéndose solo, irse de París. En la capital de Francia no podía aprender nada más, y deseaba marcharse al Sur, bajo la luz mediterránea, que ya le había atraído estando en Nuenen. Quería establecerse en el Midi francés, instalando el «taller del porvenir», siempre soñando con la fraternidad pictórica.

Y un día de febrero de 1888, le dijo a Bernard:

—Me iré mañana, y dejaremos el estudio de manera que mi hermano crea que sigo aquí.

Clavó crespones en las paredes del pequeño apartamento de la calle Lepic, colocó telas en los caballetes, y le entregó a su amigo un lote de pinturas chinas descubiertas en una trapería. Bernard se inquietó por una partida tan precipitada.

Vincent había elegido la población de Arlés, donde la subsistencia no era cara, y cuyos encantos le había alabado Lautrec. Además, Arlés se hallaba a medio camino de Aix, donde vivía Cézanne, y de Marsella donde vivió y murió Monticelli. Además, esperaba que Gauguin, Bernard y otros, se reunieran con él.

Vincent y Bernard descendieron juntos por el bulevar de Clichy. Allí, el holandés le estrechó la mano, y Van Gogh le volvió la espalda y se perdió entre la multitud. Emil Bernard no volvió a ver a Vincent. Y éste, al día siguiente, 21 de febrero, llegó a un Arlés, donde estaba nevando.

La pléyade de los pintores impresionistas representan la auténtica ruptura con la pintura tradicional y el punto de partida del arte pictórico del siglo xx. No constituyen una escuela de artistas intuitivos que trabajan deprisa, por el contrario, cada uno de ellos dedicó un largo período al estudio de la técnica pictórica. Monet, Pisarro y Sisley se trasladan a Inglaterra durante la guerra franco-prusiana de 1870 y allí pudieron admirar la obra de los paisajistas ingleses Constable y Turner. Cuando regresan trabajan juntos en las riberas del Sena y sus obras muestran durante un tiempo rasgos evidentes de parentesco. Manet elimina el claroscuro convencional; Cézanne aporta un colorismo diferente del Sur, más claro; Renoir descubre la luz frágil y los efectos ondulantes; Monet aplica la teoría de la fragmentación del color y explora las posibilidades de la división científica de las manchas. Los artistas aprenden los unos de los otros y sin perder su personalidad individual, consiguen una gran coherencia de escuela. La técnica impresionista se resume en los puntos siguientes:

Teoría de los colores utilizados en su forma pura en el cuadro para que sea nuestra retina la que realice la fusión y cree un nuevo color. El pincel, en vez de acariciar la forma de extender el color, se limita a dar pinceladas sueltas creadoras de vibraciones cromáticas. Plasmación de la luz de forma que si los objetos sólo se ven en la medida que la luz incida, el pintor dispone en su paleta de pigmentos que corresponden a los colores, es decir de divisiones de luz, según las experiencias del gran sabio inglés Newton. El pintor recompone los colores en sensación lumínica. El color es así una modalidad de la luz y la pintura un entretejido de tonalidades lumínicas.

Apariencias sucesivas. El mismo tema es pintado rápidamente con el único cambio de matices de iluminación cromática de intensidad solar o de espesor de la niebla. El cuadro es simplemente un efecto de luz, las sombras dejan de ser oscuras y se reducen a espacios coloreados con las tonalidades complementarias. Pincelada suelta a base de manchas pastosas y gruesas, cuyas posibilidades había manifestado ya el genial pintor aragonés Goya. Cada artista se singulariza por una manera peculiar de aplicar las pinceladas: toques de entrelazados y pequeñas curvitas en Monet, limpios y puros en Cézanne, puntos *(puntillismo)* en Seurat y Signac, o pinceladas largas y llameantes como su espíritu en nuestro Van Gogh.

Por último *salida al aire libre.* Los pintores huyen de los talleres y se trasladan al campo. Manet manifiesta: «Cuando llego a mi taller me hace el efecto de que entro en una tumba». Esta proyección hacia los campos abiertos es impuesta por la temática, pero también por el deseo de «limpiar el fango», de ver los colores y reproducirlos en su estado puro y de encontrar un correctivo a la composición excesivamente mecánica de pose del estudio. Aparte de respirar la libertad innata de todos sus protagonistas.

CAPÍTULO XVII

LA VIDA EN ARLÉS

En Arlés, Vincent se instaló en el hotel-restaurante Carrel, cerca de la estación, en la calle Cavalerie. Físicamente, no estaba en buenas condiciones, resintiéndose de los excesos cometidos en París, sobre todo del abuso de la abscenta y el amor de la italiana. Contaba con la calma provinciana para recuperarse.

Tan pronto como estuvo instalado empezó a trabajar, y unos días después de su llegada pudo ya enumerarle a Théo, en una carta, sus estudios terminados o en trance de acabar.

Gauguin, con el que contaba para vivir y trabajar en común, se hallaba entonces enfermo y sin dinero, pero al aparecer la primavera después de la nieve, le dio nuevos ánimos y realizó «dos pequeños estudios de una rama de almendro en flor».

Mientras tanto, conoció a un joven pintor danés, Mourier Petersen, con quien mantuvo relaciones de trabajo.

Lo que hace es seco, pero muy consciente, y todavía es muy joven, le escribió a su hermano Théo.

Sentimentalmente, estaba a cero. ¿No había renunciado al amor para limitarse a las únicas efusiones ordenadas por la Naturaleza? Así, se contentaba con frecuentar una casa de lenocinio de la calle de Récollers, en el viejo distrito a orillas del Ródano.

Una tarde, al volver a su casa, encontró una nota enviada por su hermana: *Anton Mauve ha muerto.*

En el mes de mayo abandonó la calle Cavelerie y se instaló en la plaza de Lamartine, en un pabellón cuya ala derecha alquiló, con cuatro estancias, dos de ellas pequeñas.

Cada vez trabajaba con más furia y pasión. Era el café de la Estación el que frecuentaba más a menudo, y en él trabó amistad con varios individuos, entre los cuales destacaron el cartero Roulin, Mac Knight, y un joven pintor belga, de treinta y tres años, Eugène Boch, que eran sus únicas relaciones en Arlés.

Sus cartas a Gauguin, a Bernard, a Théo, eran sosegadas, mesuradas, con un tono de plena seguridad, en contraste con la febril escritura de antaño.

En aquella correspondencia, Gauguin le daba muchos consejos, y de repente, aquel ascendiente de su amigo empezó a pesarle a Van Gogh. Éste no era un imaginativo y el simbolismo decorativo, la geometrización de las formas no se avenían con su temperamento. El dogmatismo de Gauguin, que hasta entonces Vincent había aceptado como una experiencia paralela a la suya, le indispuso tan pronto como aquél intentó imponerlo como la única estética válida. Y Vincent protestó. Gauguin se lo tomó muy mal. Llevaban algún tiempo viviendo juntos en Arlés, y según Van Gogh, Gauguin «guisaba muy bien».

Un día, Gauguin terminó el retrato de su amigo, representado en el momento de pintar unos tornasoles. Vincent estudió el cuadro en silencio, y murmuró:

—Sí, soy yo... pero soy yo... completamente loco.

Aquella noche, los dos amigos estuvieron en el café, sentados a una mesa, con un vaso de abscenta en la mano, discutiendo animadamente. Bruscamente, Vincent arrojó su vaso a la cabeza de Gauguin, el cual logró esquivarlo, y levantándose, asió por el brazo a Vincent y lo condujo a casa. Aquél se dejó conducir como un autómata, y tras acostarse, se durmió al instante.

Al día siguiente, 24 de diciembre, al despertar, Vincent no recordó nada de lo ocurrido la víspera. Tenía la cabeza muy pesada todavía. Pero, según el relato de Gauguin, se disculpó ante él.

—Te perdono de buen grado —le respondió Gauguin—, pero lo de ayer podría repetirse, y si recibiese el golpe no sería dueño de mis nervios y podría estrangularte. Permíteme, pues, que escriba a tu hermano para comunicarle que vuelvo a París.

Gauguin efectuó sus preparativos de marcha. Aquella tarde, deseando airearse un poco, salió a pasear, mas apenas había atravesado la plaza de Lamartine cuando oyó a sus espaldas unos pasos rápidos, apresurados. Era Vincent que corría hacia él con una navaja de afeitar en la mano. Gauguin le miró fijamente, y el desdichado, subyugado, hipnotizado, se paró, agachó la cabeza y regresó corriendo a casa.

Gauguin, asustado ya ante la idea de seguir viviendo con un personaje animado de tales intenciones, prefirió ir a dormir al hotel.

Unos días más tarde, Théo se prometió con Johanna Bonger, para conocer, según dijo, «la verdadera vida».

A la mañana siguiente, Gauguin, que había pasado la noche en el hotel, durmiendo muy mal, fue a casa de Vincent, que hasta aquel momento había sido también la suya.

Al llegar allí, vi una gran muchedumbre. Cerca de casa, había unos gendarmes y un personaje bajito, con sombrero hongo, que yo sabía era el comisario de policía.

He aquí lo que había ocurrido.

Van Gogh entró en su casa, e inmediatamente se cortó la oreja justo a ras de la cabeza. Debió de tardar bastante en detener la hemorragia, porque al día siguiente había varias toallas empapadas sobre las losetas de las dos habitaciones del piso bajo.

113

Todo aquello estaba manchado de sangre y la escalera que subía al dormitorio, también.

Cuando Vincent pudo salir, con la cabeza vendada y una boina hundida casi hasta los ojos, se marchó directamente a una casa en la que vivía una mujer, y le entregó la oreja, limpia y dentro de un sobre.

—Esto es un recuerdo mío —le dijo.

Se volvió a casa, se acostó y se durmió. Antes, empero, cerró los postigos y puso sobre una mesa, cerca de la ventana, una lámpara encendida.

Me hallaba muy lejos de sospechar todo esto cuando me presenté en casa aquella mañana.

Al momento, el comisario de policía me espetó estas palabras:

—¿Qué le ha hecho, caballero, a su amigo?

—¿Yo? Nada...

—Oh, sí... porque ha muerto.

No deseo un momento semejante a nadie. Tardé unos segundos en poder reflexionar y reprimir las palpitaciones de mi corazón.

El tono falsamente trágico de Gauguin no logró engañar a nadie, puesto que, para acentuar el horror de su relato, aumentó la mutilación de Vincent, el cual no se «cortó la oreja a ras de la cabeza», sólo el lóbulo, lo que bastó, eso sí, para provocar una gran hemorragia.

Gauguin subió al dormitorio, y tocó suavemente el cuerpo de su amigo. Éste vivía. *El Mercurio* dio cuenta de muchos detalles del caso, entre ellos, los consejos que Gauguin le dio al comisario de policía.

—Por favor, despierte a ese joven con cuidado y si pregunta por mí, dígale que me he marchado a París, pensando que el verme podría resultarle fatal.

114

El comisario llamó a un coche que llevó a Vincent al hospital, mientras Gauguin avisaba por telegrama a Théo de lo que acababa de ocurrir.

Tal es el relato que hizo *El Mercurio* del suceso, del cual se desprenden dos hechos: que Vincent se mutiló voluntariamente la oreja y que fue trasladado al hospital.

Existe una explicación, bastante infundada, según la cual, habiendo oído Van Gogh algunas palabras malsonantes en una casa de citas, se cortó la oreja al volver a su casa, en una crisis de angustia religiosa; otra versión dice que una de las prostitutas que frecuentaba le pidió en broma, parodiando un rito tauromáquico, que le regalase una de sus orejas. Lo cierto es que Vincent jamás dio ninguna explicación sobre aquel asunto.

Lo único cierto, tal vez, sea que el pintor conocía su propensión a la locura. En su familia había varios casos de epilépticos, y sus mismos padres ya habían intentado meterle en un sanatorio. Y aquel hecho, banal en sí, reveló la psicosis hereditaria a la que Vincent estaba sometido, sabiéndolo él.

Théo fue a visitarle al hospital, pero cuando al cabo de tres días Vincent recobró la lucidez, su hermano ya había regresado a París. El 29 de diciembre se había restablecido y fue admitido en la sala general del hospital, donde recibió la visita del pastor Salles, agregado a la beneficencia del mismo centro. Aparentemente, Vincent no sabía lo ocurrido.

El 1.º de enero de 1889, en compañía de Roulin, fiel en cuerpo y alma a Van Gogh, con la cabeza rodeada de vendajes y arropado en una especie de guerrera militar, volvió a la plaza de Lamartine, donde se hallaban sus cuadros y los de Gauguin. El 7, dejó definitivamente el hospital, aunque tenía que ir al mismo todos los días para curarse. Poco a poco, fue recobrando el gusto de vivir.

El 9 de enero recibió, de parte de Johanna Bonger, una carta participándole sus esponsales con Théo, y Vincent se mostró conmovido por esta atención, por lo que respondió inmediatamente, felicitándola, lo mismo que a su hermano.

Pero las preocupaciones monetarias volvían a atosigarle, tanto más cuanto que lo ocurrido había originado unos gastos suplementarios, pese a lo cual el 17 de aquel mes ya había hecho tres cuadros, más el retrato del doctor Rey, que le regaló como recuerdo.

A primeros de febrero tuvo la mala idea de visitar a Gaby, la prostituta a la que había llevado el lóbulo ensangrentado de su oreja. Es fácil imaginarse la reacción de aquella desventurada delante de tan extraño obsequio. Pero *siempre hay momentos en los que uno pierde la cabeza —* le escribió a Théo—, *y en el Midi esto no tiene nada de extraordinario.*

Una mañana, Vincent entró en el aposento del doctor Rey en el hospital. El médico se estaba afeitando. Vincent se le acercó y su mirada se fijó en la navaja. El recuerdo del drama de la víspera de Navidad le atravesó como un relámpago y su expresión se inflamó de manera inquietante.

—¿Qué hace, doctor?

—Ya lo ves, me afeito...

Vincent avanzó con la mano crispada.

—Si quiere, le afeitaré yo...

—¡Lárgate de aquí inmediatamente! —le gritó Rey, al comprender la intención.

Vincent dio media vuelta y se marchó. Decididamente, su cerebro ya no regía bien. ¿Por demasiado trabajo? Pintaba incansablemente y trazaba dibujos, uno tras otro. La crisis volvió a estallar y Rey, que la presentía desde hacía unos días, previendo un posible escándalo, hizo ingresar al pintor en el hospital. Una vez más, la locura se había apoderado de Van Gogh.

116

El 13 de febrero, preocupado por el silencio de su hermano, Théo telegrafió al doctor Rey, el cual le contestó en un telegrama:

«Vincent mucho mejor. Esperando curarle lo tenemos aquí. No se inquiete por ahora.»

En efecto, la crisis duró sólo unos días y la razón volvió a Vincent. Pero éste se halló obligado a admitir que en cualquier momento podía caer en la demencia total.

A pesar del triste sino de Van Gogh, nunca su arte revistió las características, según Pijoan, que son generalmente consideradas como propias de la pintura de los locos. Si es cierto que muchas veces su estilo muestra una exaltada fogosidad, no lo es menos que casi siempre se apoya en un previo análisis realizado con minucia. Van Gogh profesaba a este respecto sus ideas. Escribirá a su hermano, al hablar de la realización definitiva de su famoso lienzo *El cuarto amarillo*, que representa su dormitorio en Arlés: «Esta vez se trata de mi dormitorio. Todo depende aquí del color y de sugerir las ideas de reposo o sueño dando por simplificación mayor vastedad al conjunto. La contemplación del cuadro debe proporcionar descanso a la mente o mejor dicho a la imaginación. Las paredes son de un tono violeta claro y las sillas de un amarillo de mantequilla fresca, las sábanas y almohadas de un verde limón claro, el cubre cama rojo escarlata, la ventana verde, la mesa en que están las cosas en que me lavo, anaranjada, la jofaina azul, las puertas lila. Esto es todo... Nada más hay en esta habitación con la ventana entornada. La solidez de los muebles debe expresar reposo profundo. Respecto al marco, como en el lienzo no hay blancos, convendrá que sea blanco él...»

Y sin embargo, aunque él no lo diga, hay un no se qué sombrío en el cuadro que aplasta, anonada, quizá sí, produzca visión de reposo, pero a la vez da la sensación de huida, de que cuanto menos permanezcas entre aquellas cuatro paredes mejor, la pared de la derecha con cuatro cuadros, parece caerse o inclinarse peligrosamente sobre el dormitorio y hay como unas líneas de fuga que desean marchar, de forma imposible, por la ventana entornada...

Retrato de Armando Roulin (Arlès, 1888).

CAPÍTULO XVIII

VINCENT DESEA INGRESAR EN SAINT-RÉMY

Vincent, que acababa de pedirle a Théo cuarenta y cuatro tubos grandes de colores y treinta y nueve pequeños, le envió, como extraño regalo de boda, el balance de sus gastos. Y le comunicó formalmente la determinación que había tomado:

> *La locura es una enfermedad como otra cualquiera, y es preciso aceptarla como tal, de modo que para limitar los riesgos y tratar de curarme, he decidido entrar como pensionista en el asilo de Saint-Rémy, o en otro establecimiento del mismo tipo, tras hablar de esto con el pastor Salles.*

Por su parte, Théo había sido objeto de numerosas calumnias. En las galerías de Boussod y Valadon había intentado revalorizar y vender, sin el menor éxito, las telas de su hermano; y más tarde, especialmente durante la estancia de Vincent en París, sus relaciones fueron tensas a menudo, a causa del carácter irascible y violento del pintor, pese a lo cual Théo nunca se rebeló, jamás le dirigió una palabra hiriente, ni un solo reproche, sabiendo que debía intentar comprender a ese hermano insoportable y tierno a la vez, compañero y cruz, tan patético, esa luz que emanaba de su unión y cuya claridad le cegaba.

Durante toda su vida Théo, trató de librar a su hermano del demonio que lo habitaba, intentó separarle de Sien y de poner fin a aquella ignominiosa relación, procuró aproximarle al padre a quien Vincent detestaba y respecto al cual llegó a escribir cosas terribles, y trató de darle un oficio, pero todas estas tentativas fueron otros tantos fracasos.

No pudiendo hacer otra cosa, fue, a través de sus cartas, la presencia cotidiana que tanto necesitaba Vincent. Sí, si alguna vez pareció flaquear fue a causa del peso demasiado grande de su hermano y porque éste parecía en ocasiones indiferente o ingrato, particularmente respecto a las cuestiones de dinero.

Los últimos quince meses de la existencia de Van Gogh consistieron en una lucha encarnizada contra su propio destino. Pese a la angustia de la enfermedad, al temor a nuevas crisis, perseveró en el trabajo con tanto más coraje cuanto que, según él, «era el mejor pararrayos para su enfermedad».

A cada crisis abandonaba la tarea, pero sin abandonarla nunca por completo ni entregarse del todo a la dolencia que le atacaba. Ya no se preguntaba si merecía o no el destino que lo golpeaba, si era culpable de un acto vil del que Dios quería castigarle, y ni la indiferencia ajena le angustiaba siquiera.

Este hombre, cuya existencia fue una sucesión de fracasos en todos los terrenos, no era un ser desesperado, sino que por su obra pagó el más duro y doloroso de los tributos.

El 29 de abril, el pastor Salles, provisto de una carta de Théo, se dirigió al asilo de Saint-Rémy, instalado en los edificios viejos, casi arruinados, del monasterio de San Pablo de Mausole, cuyo centro primitivo, del siglo XII, conserva todavía hoy día un elegante claustro románico.

El director, el doctor Peyron, pidió cien francos mensuales por alojar a Vincent, pero negándose a dejarle pintar fuera del recinto. Desalentado por tales pretensiones, Van Gogh llegó a considerar la idea de ingresar en la Legión Extranjera, proyecto que Théo combatió vivamente en una carta del 2 de mayo.

Durante aquellos tiempos, Vincent se dedicó a pintar vergeles y olivos, una vista del jardín del hospital y la sala de enfermos con el mismo afán de otro tiempo, aunque más mesurado, más meditado.

Van Gogh quiso ofrecer al doctor Rey, como recuerdo, la tela que representaba la sala de los enfermos, pero Rey lo rechazó. Como fuera que el farmacéutico del hospital pasaba en aquel momento por allí, Rey le preguntó:

—¿Quiere este cuadro que Vincent quiere regalarme?

El farmacéutico, sin detenerse, echó una ojeada al cuadro y contestó:

—¿Qué quiere usted que haga yo con una marranada como ésa?

Finalmente, el cuadro fue a parar a manos de un economista que lo encontró «curioso».

Por fin, concertado con Théo, acabó por resignarse, pese a lo caro de la estancia, a ingresar en el asilo de Saint-Rémy, esperando que al fin le concediesen permiso para pintar. En aquellos primeros días de mayo, el tiempo era espléndido y Vincent tenía buena moral, cosa que se adivina en sus cartas a Théo, donde le exponía, cosa que no hacía desde algún tiempo atrás, sus ideas artísticas.

Durante la época de Arlés, Van Gogh pintó casi doscientos cuadros, repartidos en cien paisajes, cincuenta retratos, cuarenta naturalezas muertas e interiores, y diversas obras que han desaparecido. Al mismo tiempo, efectuó unos cien dibujos.

En Arlés, su genio pictórico alcanzó el cenit de su arte y de su madurez, pero el ocaso se aproximaba, siendo el primer signo el drama de la oreja cortada.

Había marchado a Arlés por consejo de otro pintor desgraciado, Toulouse-Lautrec. Ambos van a presidir la etapa denominada en arte «posimpresionismo», que señala el inicio de la revisión de algunos de los postulados de la escuela impresionista. El posimpresionismo supone, entre otras cosas, no sólo una recuperación de la importancia del dibujo y la preocupación por captar únicamente la luz, sino también la expresividad de las cosas y de las personas iluminadas. En oposición a Monet, que decía que para poder plasmar la forma pura de la luz, sin vincularla a ninguna forma, hubiera sido necesario que naciera ciego y que hubiera adquirido la visión de repente. Las obras posimpresionistas emprenden el análisis del objeto sobre las cuales incide la luz.

Van Gogh quedó maravillado de la Provenza, de los vergeles floridos, las hermosas arlesianas, los zuavos de la guarnición, los bebedores de ajenjo. Exclamó encantado: «¡Esto es Oriente!» Tenía treinta y cinco años entonces y fue la época en que se sintió más feliz. Con tanta facilidad como entusiasmo dibujó, pintó telas equilibradas, firmemente «escritas», casi serenas. Por fin descubría la nitidez de los contornos, con la luz sin sombra, con el color puro, radiante, crepitante, el rojo bermellón, el azul de Prusia, el verde esmeralda, el amarillo sacro, emblema del sol. Abandonó los oropeles del impresionismo, renunció a la división de los toques, al dibujo fragmentado, a los engamados sutiles. Su trazo vigoroso, exacto, incisivo, logró aprehender la estructura interna de los objetos. Pintó entonces más de doscientos cuadros en quince meses, de algunos de los cuales realizó tres, cuatro y a veces cinco versiones.

Como ejemplo de ellos *El puente de L'Anglois, Llanura de la Grau, Girasoles, El café de noche, Arlesiana* (Señora Ginoux), *El constructor Roulin, su mujer y su hijo Armand Roulin*. De una breve estancia en Saintes-Maries de la Mer trajo Van Gogh dibujos y telas, en especial *Barcas en la playa* y dos *Marinas*. Por último, mencionemos la admira-

124

ble representación de su *dormitorio* en Arlés, del cual ya hemos hablado. Desgraciadamente, aquellos buenos tiempos sólo fueron un instante fugaz de paz en su atormentado espíritu y los fantasmas de su enfebrecido cerebro volvieron a atosigarle pronto con más fuerza.

CAPÍTULO XIX

VAN GOGH EN EL ASILO PARA ALIENADOS

Desde el 3 de mayo, Vincent van Gogh era pensionista del asilo de Saint-Rémy. Pero, ¿estaba realmente loco?

Los expertos han estudiado sus cartas, en número de unas setecientas cincuenta, y en ninguna de ellas han descubierto señales de enajenación mental. Son incontestables su claridad, su riqueza de observación. Vincent no se extraviaba nunca en ellas, su pensamiento no reflejó la menor confusión, todo era lúcido, expresado en un lenguaje simple y claro. Además, tenía la voluntad de curarse de su mal, conocía su origen y trataba de estudiar su desarrollo.

Fue él quien después de las crisis de febrero pidió ser encerrado, no en un arrebato, sino a sangre fría y con un perfecto conocimiento de causa. Vincent temía provocar un nuevo escándalo, temía hacer algún acto lamentable y buscaba la seguridad, tanto para sí como para los demás.

Van Gogh y su Yo consciente

El punto de partida que le condujo al asilo de Saint-Rémy no fue solamente la crisis nerviosa de la víspera de Navidad de 1988, el lóbulo de oreja cortado y el regalo de aquel resto ensangrentado a la prostituta de Arlés, sino otras manifestaciones que para las buenas personas de la población constituían pruebas de locura; por ejemplo, escaló una vez, de manera desordenada, los arcos del Teatro Antiguo; trabajaba a pleno sol, cosa que para los meridionales, ávidos de sombra y frescor, era más que sospechosa...

¿No había llegado a perseguir a unos niños que se burlaban de él, amenazándolos, incidente que sirvió de pretexto para pedir su reclusión en el asilo?

Para los arlesianos, un ser tan extraño, un hombre del Norte, de pelo rojizo, cuya mirada fija tenía mucho de inquietante, no podía ser más que un loco. No hay que olvidar que en aquella época ese término solía aplicarse a los artistas cuyas obras sorprendían o eran rechazadas por sus contemporáneos. También fueron calificados de locos Cézanne, Monet, Renoir y Manet, a raíz de sus primeras exposiciones.

Los doctores Rey, Urpar y Peyron, el último director del asilo de San Pablo de Mousole, en Saint-Rémy, creían en una desviación epiléptica, opinión compartida por Leroy, Doiteau, y la doctora Françoise Minkowska; en cambio, los profesores Kraus, cuyo ensayo *Vincent van Gogh y la psiquiatría*, causó gran impacto, Karl Jaspers y Westerman-Holstigk, se inclinaron más bien por la esquizofrenia.

Hasta su internamiento, las crisis raras pero violentas eran seguidas por períodos de calma durante las cuales Vincent pintaba, escribía y vivía normalmente, dejando aparte algunas manifestaciones imprevistas, como su tentativa de tomar esencia de trementina delante de un tal Signac. Por otro lado, se ha dado una importancia excesiva a ese gesto, puesto que un alcohólico, tras un largo período de abstinencia, puede beber cualquier cosa que halle al alcance de la mano.

En uno de los más notables estudios sobre Van Gogh, debido al profesor Henri Gastaud, éste demostró que los síntomas de su «locura» se identificaban con los de la epilepsia larvada, o sea psicomotriz, o «pequeño mal», descrita en Francia por Morel, sabiéndose hoy día que es, a menudo, la consecuencia de una lesión cerebral que afecta al lóbulo temporal.

A partir de esto, el doctor C. Escoffier-Lambiotte pudo establecer claramente, con un máximo de rigor científico, las diferentes manifestaciones de esta dolencia en Vincent.

En primer lugar, éste era objeto de crisis psicomotrices, de las que nada recordaba, que estaban provocadas por alucinaciones, o por la liberación brutal de una agresividad latente bajo el efecto de la disolución de la conciencia, como el vaso de abscenta arrojado contra Gauguin poco antes del corte de la oreja, o por los fantasmas nocturnos que se manifestaban en forma de automatismos que revestían el carácter del sonambulismo epiléptico.

Van Gogh, continuó el doctor Escoffier-Lambiotte, presentaba de forma manifiesta las dos clases de estados de confusionismo duraderos descritos por Falret en un artículo de 1860, titulado: *Del estado mental de los epilépticos*, o sea unos períodos de confusión mental ligera, durante las cuales Vincent gesticulaba, hablaba de manera incoherente, y se comportaba de forma extraña, pero también períodos agitados o alucinatorios. Durante los mismos, Vincent era presa de terribles alucinaciones y convulsiones, gritaba, rodaba por tierra, profería insultos y amenazas, y luego, agotado por estos excesos, caía en una especie de postración, tras lo cual volvía la calma progresivamente, y el enfermo recobraba su estado normal.

En Saint-Rémy, los períodos de depresión de este mal se vieron entrecortados por diversas manifestaciones; Vincent intentó beber petróleo, se tragaba el color de sus tubos o se tumbaba sobre el carbón.

Además de las crisis, experimentaba unos terrores súbitos o grandes angustias que, la mayor parte de las veces, trataba de prevenir, o bien pasaba por momentos de ausencia mental, durante los cuales efectuaba unas reacciones automáticas imprevisibles.

En Auvers, durante una visita al doctor Gachet, mostró, por un motivo banal, una violenta cólera y se llevó la mano al bolsillo, sin duda para sacar el revólver con el que muy poco después se mató. En la misma época, a causa de una broma que le gastaron unos amigos, se puso furioso y amenazó con matarles.

Intelectualmente, Vincent estaba muy por encima de lo normal; su inteligencia intuitiva y desarrollada era asombrosa, su criterio estaba lleno de lucidez, de delicadeza, leía mucho y no a autores fáciles de digerir; además, hablaba y escribía con facilidad cuatro idiomas. Su excitación intelectual se hallaba perpetuamente despierta, y esto aumentaba su impulsividad natural, por lo que hasta las discusiones más simples adoptaban en él un tono terriblemente violento.

Le gustaba provocar las disputas, atacaba a su interlocutor y le acosaba, hasta que éste, cansado ya, acababa por darle la razón.

Con Gauguin tuvo altercados muy violentos, y en sus discusiones, caldeadas por la absenta, el tono subía rápidamente.

En el Museo de Montpellier, por ejemplo, sus controversias delante de los cuadros fueron, según el propio Vincent, de «una electricidad excesiva». Para explicar su inestabilidad no hay que olvidar sus crisis de super-religiosidad morbosa en la época de Borinage, a las que sucedió una especie de socialismo agnóstico sumamente incoherente, o sea que Vincent van Gogh pasaba de un extremo a otro.

Retrato del doctor Rey, el médico que lo atendía en sus crisis de locura.

En Saint-Paul, la locura de Vincent siguió evolucionando de este modo; las crisis violentas alternando con períodos plácidos. Cuando se mostraba tranquilo y lúcido, le permitían salir, bien en compañía de un guardián, o solo, lo que le incitaba a pintar.

El nuevo asilado quedó inscrito en la primera columna del registro número 4 de los «huéspedes» voluntarios, página 142:

> *Señor Vincent van Gogh, de 36 años de edad, pintor, nacido en Holanda, en Groot-Zandeel (sic), viviendo actualmente en Arlés (Bocas del Ródano).*

En la segunda columna estaba el encabezamiento: Nombre, apellidos, domicilio, profesión y cualidad de la persona que le acompañaba en la inscripción:

> *Señor Van Gogh, Théodore, de 32 años de edad, nacido en Holanda, habitando en París (Sena), hermano del paciente.*

En la tercera columna, «Transcripción del certificado del médico adjunto a la demanda», se encuentra el certificado del doctor Urpar, médico en jefe del hospital de Arlés:

> *El suscrito, médico en jefe del hospital de Arlés, certifico que el llamado Van Gogh (Vincent), de 36 años de edad, hace seis meses que padece depresión maníaca aguda con delirio generalizado. En dicha época se cortó la oreja. Actualmente, su estado ha mejorado mucho, pero sin embargo, parece útil que se le interne en un asilo de alienados.*

> *Arlés, 7 de mayo 1889.*

Firmado: Doctor Urpar.
Para copia conforme, el director: Doctor Peyron.

Certificado que está desprovisto de todo rigor científico, careciendo de fecha, de precisiones sobre la naturaleza de la dolencia, y respecto a la frase «se cortó la oreja», demuestra que el doctor no examinó la herida muy de cerca.

moralmente agotado. Esto, aparte de la falta de dinero que había en el hogar. Implacable, pero inconsciente sin duda del daño que le hacía a su hermano, Théo enumeraba todas las dificultades, todas las desdichas que se abatían sobre él. Con ternura, se confiaba en voz baja, con el único lenguaje que les unía: el del corazón. Mas pese a todo este tacto, su hermano mayor lo comprendió. Théo no era rico, y de soltero podía distraer de cuando en cuando algún billete de cincuenta o de cien francos para su hermano, pero esto no era ya posible. Ni apretando el presupuesto mucho más, la situación mejoraría un ápice.

Lentamente, Vincent cogió la pluma para contestar, pero las palabras no acudían a su mente. ¿Qué decir? ¿Qué hacer? Humildemente, trazó estas líneas:

> *Quisiera ir a verte, pero me retiene la idea de que todavía me vería más impotente que tú para remediar tu triste situación.*

La salud de su sobrino le preocupaba mucho, y lamentaba que la casa del doctor Gachet estuviese tan «atestada», ya que había planeado proponerle al médico que alojase en su casa a Johanna y a su hijito.

Pasados unos días, Vincent continuó pintando, y pensando en el proyecto de Gauguin de irse a Madagascar...

En una carta del 4 de julio, Théo le comunicó a su hermano que el pequeño mejoraba, y que tanto él como su esposa le aguardaban al día siguiente, domingo, 6. Vincent encontraría a Walpole Brooke en su casa, Brooke estaba en Auvers cuando llegó allí Vincent, y todos irían a una trapería para ver un buda japonés descubierto por Théo, *tras lo cual almorzaremos en casa para admirar tus cuadros. Te quedarás con nosotros todo el tiempo que quieras, y nos aconsejarás para el arreglo de nuestro nuevo apartamento.*

156

CAPÍTULO XX

VAN GOGH EN SAINT-RÉMY

En aquel asilo, Vincent van Gogh ocupaba una habitación muy pequeña, tapizada en papel verdegris. Las cortinas eran de color verde mar «con dibujos de rosas muy pálidas, avivadas por unos trazos de rojo sangre».

> *La comida es regular. Todo huele un poco a rancio, como en un restaurante mezquino de París o una pensión cualquiera.*

Como necesitaba colores, le pidió a su hermano ocho grandes tubos de color esmeralda, cobalto, ultramar y anaranjado; seis tubos de blanco de zinc, cinco metros de tela y pinceles, cuyo grosor le indicaba por medio de un croquis. A mediados de mayo, Théo recibió el envoltorio de telas enviadas por Vincent antes de partir hacia Saint-Rémy.

Pintor en Saint-Rémy

A comienzos del mes de junio, el director del centro le permitió pintar en la campiña circundante, bajo la vigilancia de un guardián. Vincent se instaló no lejos del asilo, delante del trigal formado por un vallado, que ya veía desde su ventana y, bruscamente, su factura pictórica cambió.

Los trazos del período de Arlés dieron paso a líneas en serpentina, que evocan una especie de oleaje; el trazo se curva, la forma se estira, se bombea, como si la respiración de la tierra levantase el trigo. Tres veces pintó el mismo campo de trigo aquel mes de junio, aunque a veces colocaba el caballete delante de un ciprés. El ciprés es el símbolo de la campiña provenzal y Vincent veía en él el equivalente y lo contrario del tornasol.

Pero en su pintura le acechaba un peligro: una especie de barroquismo en el que se perdía su hermoso sueño de calma y serenidad. Otro peligro era la flojedad del trazo, que se alargaba desmesuradamente y perdía su fuerza. Tampoco los ritmos tenían la fuerza, la pujanza del triunfante período de Arlés y el color perdió en sus nuevas telas todo su esplendor. Todo esto demuestra claramente la confusión en que se debatía el pintor.

El 5 de julio recibió una carta de su cuñada anunciándole que esperaba un bebé, y que si era chico se llamaría Vincent. En la misma carta, Johanna expresaba su temor de que, como ella y Théo no gozaban de muy buena salud, tal vez el niño naciera algo débil. Pero Vincent, en su respuesta, la tranquilizó al respecto, mostrándose optimista.

Por aquellos días el pintor le pidió permiso al doctor Peyron para ir a Arlés en busca de los muebles y las telas que había dejado en su casa, a fin de traerlo todo el asilo. Peyron le concedió dicho permiso y él se marchó acompañado del guardián Trabu, cuyo retrato pintó Vincent unos meses más tarde.

Van Gogh quería ver al pastor Salles, pero éste se hallaba de vacaciones, lo mismo que el doctor Rey, por lo que se limitó a pasar largas horas en el café de la Estación. Una noche fue a ver a Gaby...

Al día siguiente, de vuelta a Saint-Rémy, le envió a Théo cuatro cuadros y siete estudios.

Dos días más tarde se instaló para pintar en la cantera de Glanum, acompañado por un guardián, cuando de repente su mirada se extravió, se le crisparon las manos, echó el cuerpo

136

atrás... Era ya un verdadero loco, gritando, con baba entre los labios, al que el guardián condujo, con penoso esfuerzo, a su celda.

Durante tres semanas, hasta finales de julio, Vincent no salió de su habitación, alternando unas crisis espantosas con períodos de abatimiento y postración.

Théo, que no estaba al corriente del suceso, le escribió felicitándole por sus últimos cuadros, que había enseñado a Pissarro, al padre Tanguy y a un joven pintor noruego, Verenskiold, medalla de honor de la Exposición Internacional de Maus. Ese joven era el secretario de la Sociedad de los XX de Bruselas, y le había preguntado a Théo si Vincent consentiría en exponer con ellos.

Al no recibir respuesta de su hermano, Théo, inquieto, volvió a escribir el día 29. El 14 de agosto, el doctor Peyron se puso en contacto con Théo, notificándole lo ocurrido y la mejora en el estado del enfermo. Théo contestó en holandés, seguramente para guardar en secreto lo que le decía al doctor, y un par de días más tarde, también escribió Johanna, pero Vincent estaba en un estado tal de abatimiento que no pudo responder hasta finales de agosto. Su salud, a partir de aquel momento, mejoró rápidamente.

A pesar de lo sucedido, Vincent no perdió su coraje, ya que «no es de ayer que sabemos que mi caso no es alegre». Además, sabía perfectamente que ya no recobraría el esplendor pictórico de la época de Arlés y, por momentos, sentía «ganas de recomenzar con una paleta como en el Norte».

Después, poco a poco, con el trabajo, fue recobrando las energías. Vincent recuperó las fuerzas y el gusto por la vida.

En su nueva etapa pictórica, Van Gogh manifestó la intención de «expresar con el rojo y el verde las terribles pasiones humanas», pero utilizó también colores cálidos con parsimonia, «buscando los tonos quebrados y neutros para armonizar la brutalidad de los extremos» y de este modo consiguió el equilibrio a sus obras más audaces. Algunos retratos de Arlés se hallaban dominados por un dibujo de acentos fuertes y breves, un color sereno, más cuidado, como su *Joven con gorra*, colección particular. En cambio, los de Saint Rémy están dominados por un dibujo suelto y sinuoso, y una materia más densa (*Retrato de Trabu*, 1889, Soleure, col. part.).

Después de Neuen, la obra gráfica de Van Gogh estuvo consagrada en mayor medida a los estudios paisajísticos: acuarelas y dibujos de técnicas muy variadas (tinta china, mina de plomo, lápiz negro, carboncillo) poseen una calidad excepcional igual a la de su pintura, lo real está captado y restituido con una intensidad y una veracidad desgarradora. Van Gogh ha ejercido una influencia compleja. Al fauvismo francés liderado por Henry Matisse le aporta una lección de composición del cuadro a través de las pinceladas de color, a las que ni el neoimpresionismo ni Gauguin habían dotado de tales poderes, y al expresionismo germánico de un Munch, más preocupado por significarse moralmente, el papel simbólico que puede desempeñar el color. Sus cuadros postreros, como *Campo de trigo con cuervos* y *Arboles, raíces y ramas* (ambos en Amsterdam, Museo Van Gogh) por la rapidez de ejecución y la proximidad del punto de vista en la que se pierde un poco la identidad del detalle, preludian actitudes contemporáneas, principalmente la del expresionismo llamado abstracto.

Desequilibrada, dolorosa, dramática, tal fue, por cierto, la existencia de Van Gogh. Que le aquejara la neurosis, la epilepsia, también es cierto. Como Rousseau o Baudelaire, Van Gogh percibió que su vida era un fracaso y lo sintió profundamente. Fue un perpetuo ansioso. Y contra su angustia ensayó diversos medios defensivos: la religión, el humanitarismo, el arte. Se entregó a la pintura con tanta mayor pasión cuanto más amenazado se veía por un mal implacable. Merced al arte que lo elevaba por encima de sí mismo, pudo sobrellevar los desfallecimientos físicos, por lo menos sin pensar demasiado en ellos. Ahora bien, este inestable, este hipertenso, este obseso, puesto en incesante conflicto con la sociedad y consigo mismo, construyó una obra notable por el perfecto concierto entre los fines y los medios. Por más que se entregara por entero a la pintura, nunca desmintió una preocupación evidente por el equilibrio, el orden y la razón.

CAPÍTULO XXI

AL FIN, BUENAS NOTICIAS

En el mes de septiembre, Vincent observó que sus crisis se espaciaban cada tres meses aproximadamente; por lo tanto, comprendió que hasta Navidad estaría tranquilo, por lo que se sintió presa de una fiebre de trabajo.

El doctor Peyron, de paso por París, visitó a Théo para tranquilizarle acerca del estado de su hermano. Théo había pensado por un momento confiar su hermano a Pizarro, pero este proyecto no era realizable puesto que éste «no mandaba en su casa, siendo la mujer la que llevaba los pantalones».

Sin embargo, conocía a alguien de Auvers que es médico y pinta en sus momentos perdidos. Me han dicho —precisó Théo en una de sus cartas—, *que es un hombre que ha estado en contacto con los impresionistas. Cree que posiblemente podrías vivir en su casa. Este amigo mío irá a ver a ese médico y le hablará de tu caso.*

Luego, en medio de la melancolía que se abatía sobre Vincent, recibió dos buenas noticias: los Veinte de Bruselas habían confirmado su deseo de exponer los cuadros de Vincent a comienzos del año siguiente; y por otra parte, en Holanda, el pintor y crítico de arte Isaäcson, acababa de publicar en varios periódicos unas «cartas parisinas», en las que hablaba de Van Gogh. Esto le gustó a Vincent, a pesar de encontrar excesivas las alabanzas.

Hallo extremadamente exagerado todo lo que dice de mí, observó, modestamente.

El 22 de octubre, Théo advirtió a su hermano, al tiempo que le enviaba 150 francos, que había mostrado sus cuadros a Isaac Israëls, al pintor y escritor holandés Veth y, sobre todo, a Van Rysselberghe, uno de los Veinte de Bruselas, el cual también había examinado todo lo que había en la tienda del padre Tanguy, pareciendo interesarle mucho las obras de Vincent. El Salon de los Independientes había dado ya por concluida su exposición, y Théo había recuperado las dos telas allí expuestas, entre las que *Los lirios* había gustado mucho.

A primeros de noviembre, Vincent obtuvo otro permiso para ir a Arlés, donde se quedó dos días para visitar al pastor Salles, y sin duda a Gaby.

Días de angustia

Vincent empezó ya a vivir con la angustia constante por la vuelta de sus crisis, prevista para el fin de año. Los remordimientos le torturaban, su «culpabilidad» le atormentaba.

Sin embargo, confiaba en el porvenir, por lo que volvió a coger los pinceles.

El pastor Salles visitó a Vincent, quien hondamente emocionado por esta muestra de amistad, le ofreció un cuadro pequeño: *Geranios rosas y rojos sobre fondo negro.* Por su parte, el doctor Peyron le concedió un poco más de libertad para que se distrajese de sus negras ideas.

El 1.º de febrero de 1890 nació el hijito de Théo y Johanna, y Vincent sintió tanto júbilo «que al momento empieza a pintar grandes ramas de almendro en flor contra un cielo azul».

En los primeros días de febrero, Théo le envió, ante su inmenso estupor, un artículo del joven crítico, de veinticinco años de edad, Albert Aurier, cuya carrera fue desdichadamente muy breve ya que falleció dos años más tarde, en 1892. Aquel artículo, el único que aún viviendo, estaba exclusivamente dedicado a Van Gogh, había aparecido en el ejemplar de enero del *Mercure de France*.

Con el estilo ampuloso y algo oscuro de la época, Aurier proclamaba con entusiasmo su admiración al contemplar en la tienda del padre Tanguy las telas de Van Gogh.

Ante un artículo tan ditirámbico e inesperado, Vincent contestó calmosa, sosegadamente, casi con humildad.

El 14 de febrero, otro suceso todavía más imprevisto que el artículo de Albert Aurier, sorprendió a Vincent en su soledad. Mademoiselle Anna Bosch, del grupo de los Veinte, hermana del pintor Bosch, a quien Vincent había conocido en Saint-Rémy, había adquirido por 400 francos su *Viña Roja*, en la exposición de Bruselas. Lo mismo que el artículo del *Mercure* debía ser el único consagrado a él en vida, la *Viña Roja* también sería el único cuadro vendido antes de su muerte.

Hacia el 20 de febrero volvió a conseguir permiso para ir a Arlés. Tenía que devolverles a los Ginoux, buenos amigos suyos, las cajas en las que, por Navidad, le habían enviado aceitunas, y como hacía en todas sus estancias en aquella población, estuvo en la casa de tolerancia para ver a Gaby.

Pero el 22, el doctor Peyron le escribió a Théo que su hermano, presa de una terrible crisis, había sido devuelto rápidamente a Saint-Rémy en un coche. Vincent no recordaba dónde había pasado la noche ni qué había sido de un cuadro que llevaba.

Fue una crisis larga y particularmente penosa. Vincent sufría unos terrores espantosos, alucinaciones, gritaba, rodaba por el suelo... Un día se escapó de su celda y fue a tumbarse sobre un montón de carbón; otra vez intentó beber el petróleo que el mozo del comedor tenía para encender las lámparas. Después, igual que en todas las crisis, el desventurado cayó en un período de sopor, de abatimiento, del que sólo

143

salió muy lentamente, en la primera quincena de abril. Y volvió a pintar aunque ahora con mucho esfuerzo.

Una mañana, el vigilante Poulet fue a buscarle para salir. El convaleciente, que deseaba pintar, cogió todo su material. Los dos hombres cruzaron el parque, uno detrás del otro. Pero al subir Vincent tres peldaños de piedra, le pegó a Poulet una terrible patada en el estómago. El vigilante se dobló bajo el impacto, apretó los dientes y no protestó.

—Perdone —murmuró humildemente el paciente—. No sé lo que hago. ¡Creí que estaba en Arlés, perseguido por la policía!

Vincent y el guardián regresaron al asilo, y el paseo quedó cancelado como castigo para Vincent.

Estaba cansado, terriblemente cansado, más cansado que angustiado. Nada le atraía, ni la comida ni los paseos, ni siquiera el trabajo. ¿Sabía acaso si comía, dónde iba...? Un día estando solo en su celda, cogió los tubos de pintura y se los llevó a la boca; cuando los guardianes abrieron la puerta que siempre estaba cerrada con llave por fuera, lo hallaron sentado, con expresión idiotizada, y grandes regueros de color resbalando por su barba. Al instante le administraron un antídoto, y muchos murmuraron que Vincent, asqueado de su existencia, había intentado suicidarse.

Unos días más tarde, el 29 de abril, volvió a poder escribir a su hermano Théo.

Poco a poco iba recuperando las fuerzas y volvió a pintar. Instalado en el parque del asilo, se distraía pintando. Había vuelto a pedirle colores a su hermano, pero las fuerzas le faltaban y al final le pidió solamente la mitad de todo lo que había solicitado últimamente.

Por otra parte, esperaba poder salir de Saint-Paul-de-Mausole lo antes posible, pasando unos días en París antes de marchar definitivamente hacia Auvers, donde trabajó tranquilo bajo la atenta vigilancia del inefable doctor Gachet.

«En la mecedora», pintura realizada a principios del año 1889.

El doctor Peyron, a su regreso de una breve ausencia, le dio a Vincent unas cartas de Théo, de su madre y de su hermana Wilhelmina, llegadas durante su terrible crisis. Su lectura «le hizo mucho bien y le dio un poco más de energía.»

Una de las cartas, escrita por Théo el 19 de marzo, le anunciaba a Vincent el éxito obtenido en el Salón de los Independientes:

> *Muchos han venido a decirme que te felicite. Gauguin aseguró que tus cuadros eran el gran golpe de la exposición.*

Vincent había empezado una tela en la que muchos han querido ver una especie de testamento al término de su estancia en Saint-Rémy. El modelo se lo dio un dibujo ejecutado en La Haya en noviembre de 1882. Es un anciano sentado en una silla, delante de una chimenea, abatido, con los puños apretados sobre los ojos, como sollozando o asustado por algo.

La partida estaba ya cercana. Vincent escribió a los esposos Ginoux para advertirles de su salida del asilo en dirección a París y Auvers, pidiéndoles que le enviasen unos muebles que había dejado aún en Arlés. En la carta añadía:

> *No pienso estar en París más de quince días, y luego iré al campo a trabajar.*

El 14 de mayo fue su último día, realmente, de estancia en el asilo de Saint-Rémy. El 16, cogió el tren y al día siguiente, 17 de mayo, Vincent llegó de nuevo a París.

CAPÍTULO XXII

DE PARÍS A AUVERS

Los dos hermanos se encontraron en la estación de Lyon, con una alegría compartida. Théo, que temía hallar a Vincent en muy mal estado, sintió un júbilo inmenso al observar su buen semblante; pero mayor fue la sorpresa en su casa, pues Johanna esperaba ver a «un loco», a veces furioso y, ante su enorme estupefacción, «halló a un hombre sólido, ancho de espaldas, que tenía unos colores sanos, una expresión gozosa y, en todo su ser, algo firme...»

El matrimonio vivía en un apartamento del cuarto piso del número 8 de Pigalle. Una vez terminados los saludos efusivos, Théo condujo a su hermano al dormitorio donde estaba la cuna del recién nacido. Hubo un momento de silencio. Una misma intensa emoción sobrecogió a los dos hermanos, frente a frente, al contemplar al infante con lágrimas en los ojos, al que, pese a la oposición de su tío, los padres habían puesto los nombres de Vincent y Wilhelm. El pintor, que todavía no conocía a su cuñada, la encontró «inteligente, cordial y sencilla», pero tras su alegría, era fácil adivinar la tristeza que le invadía. El matrimonio de su hermano, en efecto, le daba una visión de la «verdadera vida», que tanto había soñado sin poder realizarla jamás: «un estudio de pintor con una cuna y un niño en ella».

Al día siguiente de su llegada, Vincent se levantó temprano y se puso a contemplar sus cuadros colgados de las paredes del apartamento.

Pero no todos los cuadros de Van Gogh se encontraban en el pequeño apartamento de Pigalle. La mayor parte de ellos habían sido enviados a casa del «padre» Tanguy. Pero éste, al parecer, los había colocado, junto con otras telas de Gauguin, Bernard y Guillaumin en un almacén húmedo, lo cual enervó de mala manera a Van Gogh.

Durante aquellos días los dos hermanos debieron de hablar de pintura, pero Johanna nada reveló de aquellas conversaciones. De las últimas crisis, de la enfermedad, ni una palabra.

> *Recibió muchas visitas* —escribió Johanna más tarde—, *y Vincent intuyó rápidamente que el trastorno de París no le convenía.*

Deseaba conocer su nueva morada y al doctor Gachet, de quien Théo le había alabado tanto sus cualidades, por lo que abandonó la capital tres días después de su llegada.

Los dos hermanos prometieron volver a verse muy pronto y a menudo.

Durante su breve estancia en París, Vincent le escribió a Isaäcson respecto a unos artículos que el crítico estaba a punto de publicar en los periódicos holandeses sobre los impresionistas, artículos que emocionaban a Van Gogh aún antes de conocerlos.

Y el día 20 de mayo, Vincent van Gogh abandonó París en dirección a Auvers-sur-Oise, donde le aguardaba el doctor Gachet.

CAPÍTULO XXIII

EL ÚLTIMO REFUGIO DEL PINTOR VINCENT VAN GOGH

Auvers es una pequeña población situada entre Pontoise y Valmondois.

El lugar es agradable, sosegado, con una gran serenidad y frescura, y desde varios años antes de la llegada de Vincent, los pintores se habían instalado a orillas del Oise para pintar sus telas.

Daubigny se fijó en Auvers en 1860, y después la población acogió a Corot y Daumier; luego, Auvers vio desfilar a Jules Dupré, Pissarro, Cézanne, que pintó allí *La casa del ahorcado* y muchas otras telas, Guillomin, Monet, Renoir... Todos eran amigos del doctor Gachet, que desde 1872 vivía en una hermosa casa en lo alto del pueblo. Se llamaba El Castillo, en la calle de Vessenots.

Paul-Ferdinand Gachet contaba 62 años. De origen flamenco, tras realizar sus estudios en Lille, su villa natal, estuvo en París donde se diplomó en la Facultad de Medicina; allí frecuentó a numerosos pintores y escritores, en el Barrio Latino: Schanne, Henry Murger, Champfleury, Courbet, Proudhon, Daumier, etcétera.

Más tarde, conoció a Monticelli y Bazille.

Nombrado médico de la Compañía de los Ferrocarriles del Norte y médico inspector de la Villa de París, sólo residía en Auvers tres días a la semana. Su mujer había muerto de tuberculosis tres años después de haberse instalado en el pueblo, por lo que el doctor Gachet vivía solo con su hijo Paul, su hija Margarita y un ama de llaves. Era miembro de la Sociedad Protectora de los Animales y Plantas, y tenía en su casa gatos, perros, un pavo real y una cabra llamada Henriette, a la que paseaba por el pueblo, por lo que la gente le juzgaba un poco «original».

Sus opiniones artísticas, sin ser revolucionarias, figuraban a la vanguardia de su época. Era un admirador del impresionismo, y en medicina amaba toda novedad. El doctor Gachet también pintaba, sobre todo al aguafuerte, y firmaba sus obras como «P. van Ryssel».

Tenía la casa llena de cuadros de diversos pintores impresionistas, y también de otros más antiguos, más clásicos. Éste era el hombre escogido por Théo para cuidar de su hermano.

Auvers es estupendo —le escribió Vincent a Théo y Johanna—. *Vi al doctor Gachet, el cual me ha parecido un excéntrico, pero su experiencia de la medicina debe mantenerle en equilibrio, combatiendo sus nervios, que por lo menos le atacan tanto como a mí...*

Ataviado con el capote militar de médico de ambulancias que llevaba desde el Asedio, y con una gorra blanca, el doctor Gachet no tenía nada de los médicos tradicionales que hasta entonces se habían ocupado de Vincent. Coincidencia divertida: Gachet también era pelirrojo como Van Gogh, por cuyo motivo en el pueblo lo conocían como «el doctor azafrán».

Por sus maneras y su amabilidad, supo ganarse la confianza de su huésped, sin dejar de hablarle de su mal. Pero lo hacía con calma, con aplomo. Por tanto, la primera impresión de Vincent acerca de su doctor fue excelente.

«Sí, me quedaré con él y pintaré su retrato...»

El «caso» de su huésped, no inquietaba demasiado al doctor Gachet, quien pensaba que su sistema nervioso, ya bastante desquiciado, había sido atacado por la violencia del sol meridional, excesivo para un nórdico; y determinó, entre las peores dolencias que sufría Van Gogh, la intoxicación por la esencia de trementina, mal cuidada según él. Tal diagnóstico difería sensiblemente del de los dos médicos anteriores, Rey y Urpar, así como del emitido por el doctor Peyron, que consideraban al enfermo como un epiléptico.

Vincent, por su parte, deseaba instalarse cómodamente y empezar a pintar lo antes posible. El doctor Gachet lo condujo al albergue Saint Aubin, cerca de su casa, pero el precio de la pensión, seis francos al día, le pareció al pintor demasiado caro, por lo que eligió un café de la plaza de la Alcaldía, en el centro del pueblo, cuyo propietario era Gustave Ravoux, quien le pidió tres francos y medio diarios. Allí le cedieron una habitación abuhardillada, blanqueada a la cal, con una mesa y una cama que ocupaban casi todo el espacio.

A Vincent, Auvers le gustó. Dos o tres veces por semana, los domingos o los lunes también, era invitado a comer en casa del doctor Gachet, cosa que no le gustaba demasiado. En efecto:

> *Este excelente hombre se excede, dándome cuatro o cinco platos, lo que es abominable tanto para él como para mí... toda vez que no tengo muy fuerte el estómago.*

No obstante, Vincent aceptaba las invitaciones, porque, además, el médico le iniciaba en la pintura al aguafuerte.

Cuando Vincent le hizo el retrato, el doctor quedó encantado, y a la primera ojeada comprendió que Vincent era un pintor fuera de serie. Ni siquiera Monticelli o Cézanne le habían dado una impresión semejante de potencia, de genio pasional en estado bruto.

Mientras tanto, si el artículo de Aurier sorprendió a muchos pintores, la crítica no se hizo eco del mismo, y ningún marchante se molestó en ver las telas de las que el articulista hablaba con tanto entusiasmo. En cambio, varios artistas deseaban hacer trueques con Vincent y Théo le escribió:

> *Guillaumin ha puesto a tu disposición un magnífico cuadro que estaba en casa de Tanguy,* Puesta de Sol, *que quedará muy bien en tu taller. Gausson desea hacer un cambio contigo, todo lo que tú desees contra todo lo que desees darle... Aurier también vendrá un día. Está muy contento con tu cuadro y un domingo iremos los dos a verte...*

El domingo, 8 de junio, como estaba previsto, Théo, Johanna y su hijito, llegaron a Auvers. Vincent estaba radiante. Su reunión en casa de su amigo Gachet, en un ambiente familiar, le confortó y le dio más valor. Su salud era excelente, aunque desgraciadamente no cabe decir lo mismo de Théo. Era él, de los dos hermanos, el que parecía más enfermo: delgado, encorvado, febril, mientras que Vincent daba la impresión de fuerza y salud.

El estado de su hermano ya le había impresionado en París, y en una carta escrita poco después de instalarse en Auvers, no había ocultado su inquietud.

Aquel domingo pasó de prisa. Tras el almuerzo, Vincent les enseñó a Théo y a su esposa los cuadros recientes, y después se dedicaron a hacer planes. El pequeño Vincent-Wilhelm no era muy vigoroso y el aire del campo le sentaría bien, mejor que el de París. ¿Por qué, sugirió Vincent, no podía instalarse Johanna con el niño en Auvers durante el verano, en vez de irse a Holanda, en un viaje tan largo y fatigoso? Théo sabía que no debía contradecir a su hermano, el cual, para convencerles, no escatimaba los elogios a la población, a su clima, a su sosiego.

Aquel día pasado en familia le propinó un verdadero «latigazo». También le produjo una inmensa alegría, como escribió a su madre y a su hermana Wilhelmina. El día 15, Théo le anunció a su hermano la visita recibida del pintor holandés Hirschig, que traía noticias de Gauguin. «Le gusta mucho el retrato de mujer que hiciste en Arlés», afirmó Théo.

Vincent trabajaba cada vez con más ardor, pintando parajes de Auvers sin descanso. También hizo otro retrato del doctor Gachet, del que éste se sintió muy orgulloso.

CAPÍTULO XXIV

ANGUSTIA CRECIENTE

Por aquella época, Vincent conoció a dos jóvenes, Gastón y René Secrétan, cuyo padre, un rico farmacéutico de la calle de la Pompe, en París, poseía una finca en el campo, a unos diez kilómetros de Auvers, en Champagne, a orillas del Oise. Los dos hermanos y algunos amigos, entre los cuales figuraba el futuro personaje político André Tardieu, formaban una bande alegre que perseguía a las muchachitas fáciles llegadas de Montmartre.

A Gastón le gustaba la pintura e incluso la practicaba como aficionado, y mantuvo algunas charlas con Vincent, a pesar de que éste nunca lo mencionó en sus cartas a Théo. Sin embargo, la amistad debió de nacer rápidamente entre aquel joven de diecinueve años, estudiante del Liceo Condorcet, de París, y el feroz holandés, cuyos cuadros le dejaron estupefacto tan pronto los vio, gustándole enormemente al instante, y considerando a su autor como «un as desconocido».

Pero un buen día Vincent se enfureció y amenazó con matarlos a todos, porque alguien le había echado sal al café, reacción sorprendente por parte de un hombre de treinta y siete años con respecto a unos chicos alegres, y que no deja de tener un gran sentido un mes antes del día fatal...

La angustia de Vincent aumentó el 30 de junio al recibir una carta de Théo, una carta inesperada. El niño estaba gravemente enfermo, a las puertas de la muerte. Una prueba terrible para su mujer y para él mismo, que se confesaba física y moralmente agotado. Esto, aparte de la falta de dinero que había en el hogar. Implacable, pero inconsciente sin duda del daño que le hacía a su hermano, Théo enumeraba todas las dificultades, todas las desdichas que se abatían sobre él. Con ternura, se confiaba en voz baja, con el único lenguaje que les unía: el del corazón. Mas pese a todo este tacto, su hermano mayor lo comprendió. Théo no era rico, y de soltero podía distraer de cuando en cuando algún billete de cincuenta o de cien francos para su hermano, pero esto no era ya posible. Ni apretando el presupuesto mucho más, la situación mejoraría un ápice.

Lentamente, Vincent cogió la pluma para contestar, pero las palabras no acudían a su mente. ¿Qué decir? ¿Qué hacer? Humildemente, trazó estas líneas:

> *Quisiera ir a verte, pero me retiene la idea de que todavía me vería más impotente que tú para remediar tu triste situación.*

La salud de su sobrino le preocupaba mucho, y lamentaba que la casa del doctor Gachet estuviese tan «atestada», ya que había planeado proponerle al médico que alojase en su casa a Johanna y a su hijito.

Pasados unos días, Vincent continuó pintando, y pensando en el proyecto de Gauguin de irse a Madagascar...

En una carta del 4 de julio, Théo le comunicó a su hermano que el pequeño mejoraba, y que tanto él como su esposa le aguardaban al día siguiente, domingo, 6. Vincent encontraría a Walpole Brooke en su casa, Brooke estaba en Auvers cuando llegó allí Vincent, y todos irían a una trapería para ver un buda japonés descubierto por Théo, *tras lo cual almorzaremos en casa para admirar tus cuadros. Te quedarás con nosotros todo el tiempo que quieras, y nos aconsejarás para el arreglo de nuestro nuevo apartamento.*

156

«Joven campesino», una de las primeras pinturas de su estancia en el asilo de Saint-Rémy.

Las primeras horas de aquel domingo de julio, cuyas circunstancias iban a ser determinantes de cuanto iba a suceder, se desarrollaron bajo el signo de la más franca amistad. Primero hubo la visita de Emile Bernard, después la de Alber Aurier, a quien Vincent no conocía personalmente, y con el que sostuvo una larga conversación sobre pintura; luego, el almuerzo, muy alegre, en compañía de Lautrec, durante el cual los dos antiguos condiscípulos del estudio Cormon bromearon a propósito de un sepulturero que habían encontrado en la escalera.

Pero tan pronto como se marcharon los amigos, el tono de la conversación fue en aumento, puesto que las relaciones entre Théo y sus patronos eran muy tensas, y éste, que no quiso disimular hasta qué punto se hallaba desengañado de ellos, se extendió, tal vez excesivamente, acerca de la cuestión financiera. Luego, le anunció a Vincent su decisión de pasar, junto con Johanna y el niño, las vacaciones en Holanda. Vincent recibió la noticia en mitad del corazón.

No era sólo la decepción de no pasar con ellos un mes en Auvers, sino aquel alejamiento imprevisto, añadido a las desdichas monetarias de Théo, que complicaban de modo singular la situación. Théo no podía, en las actuales circunstancias, subvenir a las necesidades de su hermano. Vincent resultaba una carga demasiado pesada para su pequeño presupuesto, cosa que sin duda le habría repetido varias veces la cuñada. Por otra parte, en Holanda, su familia y la de los Bonger, aparte de su madre y su hermana siempre tan leales a él, seguramente debían insistir en este punto. No era posible disponer todos los trimestres de unos centenares de francos para aquel pobre pintor...

Las palabras estaban en los labios de Johanna, pero aunque no fueron pronunciadas, Vincent las adivinó, las oyó: fracasado, impotente, vago, loco, loco, loco...

158

Por la tarde, aunque había pensado quedarse dos o tres días en París, regresó a Auvers. Ya sabía lo que su cuñada Johanna pensaba de él. ¿Tal vez hubo una disputa, unas frases hirientes...? Nunca se sabrá.

También son misteriosas las relaciones de Vincent con su médico. ¿Sucedió algo entre ambos? ¿Qué? ¿O tratábase de los cambios de humor del pintor? ¿Tal vez aquel médico poco conformista, algo excéntrico, le parecía a Vincent «poco serio»? En realidad, resulta extraño que el buen doctor no ejerciese ninguna vigilancia sobre un hombre sujeto a tan terribles crisis como las que padecía Van Gogh. Cuando Théo confió su hermano a Gachet ¿estaba enterado de sus ausencias semanales? Si Vincent sufría una recaída imprevista ¿quién le cuidaría? En el asilo de Saint-Rémy le habían considerado como un epiléptico peligroso.

Poco a poco volvió a su eterna distracción: la pintura. Pero se daba cuenta de que ya no era la misma de antes. ¿Era la enfermedad? ¿El cansancio? ¿La angustia del mañana? ¿El fracaso constante de cuanto había emprendido? La temida crisis no se presentaba. Pero Vincent estaba fatigado, terriblemente fatigado. Y a pesar de esto, pintó dos grandes cuadros: Inmensas extensiones de trigo bajo cielos turbados, y *El jardín de Daubigny*. El 14 de julio recibió una carta de Théo:

> *Estamos muy contentos de que no estés bajo la impresión de los asuntos en suspenso como cuando estuviste aquí. En realidad, el peligro no es tan grande como parecía. Si todos podemos gozar de una buena salud que nos permita emprender lo que poco a poco es una necesidad, todo irá bien...*

Palabras vagas y afectuosas, destinadas a aplacar a Vincent de sus temores.

Al día siguiente, Théo y su mujer con el niño debían marchar hacia Leyde, luego, él iría solo a Auvers y regresaría a

159

París al cabo de una semana. La separación no sería muy larga. A su carta, adjuntó un billete de cincuenta francos.

El 14 de julio, Vincent pintó la alcaldía de Auvers y la plazoleta empedrada. Pero bajo las guirnaldas y las farolas, no hay nadie, ninguna presencia humana anima aquel decorado festivo...

Entre el 20 y el 23 de julio, Vincent escribió a su madre. En el dorso de aquella misiva, la madre escribió unas palabras después del drama: *Última carta desde Auvers...*

CAPÍTULO XXV
EL FINAL

Nada en la actitud del pintor hacía prever su suicidio, y ninguno de los que le atendieron aquellas últimas semanas pudieron presentir tal decisión.

Todo lo ocurrido hasta entonces se había ido acumulando, no obstante, en su interior. La tesis de la doctora Aigrisse, formada en las disciplinas de Young, observa en la muerte de Van Gogh un mecanismo psíquico más trágico aún que las coincidencias entre la vida conyugal de Théo y las crisis de delirio de Vincent. Al realizar junto con Johanna la «verdadera vida» con la que soñaba Vincent, Théo le traicionó, pero esta traición era natural, tan natural como «anormal» era su unión «legítima». Una vez más quedaba establecida la culpabilidad de Vincent, por lo que era necesario el castigo.

Mientras pintaba por las mañanas al aire libre, también pintaba por las tardes en la trastienda del café. Aquel domingo, 27 de julio, salió en medio del enorme calor, después del almuerzo. Nadie del pueblo, aparte de un campesino, le vio pasar, pero aquel hombre le oyó murmurar: «¡Es imposible, es imposible!»

Al salir del café Ravoux, Vincent tomó el camino de Chapouval, en la carretera de Pontoise. Al parecer, entró en el patio de una granja, en la calle Boucher, y fue allí, sin duda, donde se disparó al pecho. Es posible que una vez ejecutado ese gesto, a pesar de la herida, anduviese un poco al azar, antes de volver al café Ravoux, donde no llegó hasta el anochecer. El propietario del café, que conocía su puntualidad, se extrañó al no verle a la hora acostumbrada de la cena, hacia las siete. Por fin, Vincent apareció, vacilante, sujetándose el pecho con una mano, y sin responder a las preguntas preocupadas del dueño del establecimiento, subió directamente hasta su habitación.

Ravoux, muy sorprendido, llamó a su puerta unos minutos más tarde. Entró y halló a Vincent tendido en la cama, con la cara distorsionada, la mano cubierta de sangre, y ofreciendo a la vista la herida del pecho.

Como el doctor Gachet vivía bastante lejos y el camino era difícil, el propietario del café envió a Hirschig en busca del doctor Mazery, que vivía más cerca, frente a la estación. Hacia las nueve, ya avisado Gachet, se presentó para curar a Vincent, lo tranquilizó acerca de su estado y le preguntó las señas de su hermano, que el herido se negó a darle. El doctor no insistió y se retiró, dejando a Vincent bajo la custodia de su hijo Paul. En la sala de abajo, escribió una nota que Hirschig debía entregar urgentemente a Théo, cosa que hizo al día siguiente por la mañana.

Théo corrió a Auvers. Al parecer, no se dio cuenta de la gravedad del herido.

«No llores —le consoló Vincent—, lo hice por el bien de todos...»

El día 28 transcurrió en calma. Théo escribió a su esposa a Holanda, para ponerla al corriente del intento de suicidio de su hermano. En dicha nota se adivina que algo había pasado entre Vincent y su cuñada. ¿Una discusión? ¿Reproches? ¿Quizá acusaciones? La pobre mujer no podía comprender, como dijo más adelante Emil Barnerd, «que uno se alimentaba y vivía con la vida y el pensamiento del otro».

Cuando Théo le dijo a Vincent que se salvaría, el pintor respondió:

—Es inútil, mi tristeza durará toda la vida...

En aquella época, era imposible la extracción de una bala que había quedado desviada por la quinta costilla, por lo que era preciso «dejar morir al desdichado Vincent». Y a esto se debió resignar Gachet, a menos que pensara que la herida tal vez no fuese mortal, pues no había habido una gran hemorragia externa, ni estaba tocado ningún órgano esencial. Sus prescripciones coincidieron con las del doctor Mazery: vigilancia y reposo absoluto.

Durante todo el día siguiente, Vincent fumó en la cama, sentado con la mirada fija, sin hablar. Aparentemente, no sufría. Théo, Gachet, su hijo Paul, Hirschig y Ravoux se turnaban a la cabecera de la cama. Los gendarmes, en su encuesta, interrogaron rudamente al herido.

—¡Esto no es de su incumbencia! —fue la también ruda respuesta.

Por la tarde se debilitó. Al caer la noche, la última noche de Vincent van Gogh, hacia las once, empezó la agonía. A la una de la madrugada del 29, falleció sin un grito. «El pelirrojo loco» había muerto.

Tenía treinta y siete años.

Fue enterrado el día 30, a las tres de la tarde. El doctor Gachet había trazado su retrato al aguafuerte, firmado como todas su obras, «P. van Ryssel.»

Avisados, llegaron de París sus verdaderos amigos, Emile Bernard, el padre Tanguy, Laval y André Bonger, hermano de Johanna. También acudieron Lucien Pissarro y Lauzet.

Como el cura no quiso enterrar a un suicida, fue la municipalidad de Auvers la que se encargó del entierro.

El final de Théo

La muerte de su hermano mayor fue un golpe terrible para Théo. Su salud, ya comprometida, se resintió mucho con dicha pérdida. Y a principios de octubre, sólo dos meses después

163

del fallecimiento de Vincent, la nefritis que padecía Théo se transformó en una uremia galopante. Durante una violenta discusión con sus patronos, presentó la dimisión, y pensando en los proyectos de su hermano, quiso alquilar «Le Tambourin», para fundar allí una asociación de pintores, pero sus crisis se agravaron.

Luego llegó a amenazar a su esposa y a su hijito, y el 12 de octubre tuvo que ingresar en la Casa de Salud de Dubois, donde el doctor Gachet, advertido por Johanna, fue a visitarle.

El 14 de octubre, salió de allí y pasó a la clínica del doctor Blanche. Como su estado mejoraba, Johanna se lo llevó a Holanda donde tuvo que ser internado, poco después, en Utrecht. El 21 de enero de 1891, un ataque de hemiplejía lo mató. Había sobrevivido a su hermano cinco meses y veintitrés días.

Veintitrés años más tarde, el cuerpo de Théo fue trasladado desde Holanda, gracias a su mujer, y los dos hermanos están hoy día enterrados juntos bajo dos losas gemelas, en el pequeño cementerio de Auvers-sur-Oise.

Théo, el único que quizá le comprendió, o por lo menos lo intentó y le sostuvo económicamente. Van Gogh, con su carácter irascible, tuvo momentos de hallarse al borde de la ruptura con él, pero la paciencia de su hermano no tuvo límites.

«Dime, Théo —escribió Vincent Van Gogh desde La Haya a su hermano—, ¿no te gustaría ser un paisajista famoso?, tienes madera para ello. ¿Y si nos hiciéramos los dos pintores? Podríamos ganarnos la vida...»

Y en otra ocasión: «Luego he pensado que te parecería quizá raro encontrar en mi última carta una idea de la que no te había hablado nunca antes. Théo, tira todo por la ventana y hazte pintor.»

«Pero yo no puedo imaginarme el futuro quedándome solo, un futuro en el que no estemos los dos juntos trabajando aquí, en estas landas como pintores y compañeros... ¿Qué quieres... paz, orden, artesanía, arte? Bien... termina de una vez con esta farsa y hazte pintor.»

Van Gogh deseaba tener cerca a su hermano, le necesitaba por encima de todo, aunque sus raptos de cólera alguna vez hicieran pensar lo contrario e incluso provocara o intentara provocar su alejamiento. Sin embargo, ¿de qué habría podido vivir el pintor, si Théo hubiera renunciado a su posición y a su sustancioso sueldo? Era como si pretendiera cortar la rama que lo sostenía. Y por suerte para él, Théo no hizo caso a las insistentes llamadas de su hermano.

CAPÍTULO XXVI

VINCENT VAN GOGH Y SU ÉPOCA

Hemos dicho anteriormente que varios expertos en Psicología y Psiquiatría se han dedicado afanosamente a estudiar las cartas de Vincent Van Gogh a fin de encontrar, cuando menos, explicación a la «locura» del pintor, no hallando, al menos en ellas, ningún indicio que pueda hacer diagnosticar una psicosis, ni tan siquiera una esquizofrenia.

Sin embargo, debemos admitir que Van Gogh no era «normal». Él mismo se daba cuenta de ello. Y, por supuesto, su enfermedad-locura —fue un psicótico— condicionó claramente la obra del genio.

Pero no podemos limitarnos a decir que precisamente el genio del pintor estuviera únicamente inspirado por su enfermedad. Así, se deben tener en cuenta las influencias externas que recibió Vincent van Gogh durante su corta vida.

Durante los treinta y siete años de vida del pintor se registraron en el mundo acontecimientos sumamente importantes —tanto artísticos, políticos, económicos, como sociales y religiosos—, que contribuyeron a configurar la época que va de 1853 a 1890.

Sin embargo, preferimos centrarnos en los movimientos artísticos que se dieron en la época, los cuales marcaron profunda huella en el pintor.

Precisamente en 1853, año del nacimiento de Vincent, nació Gerardo de Nerval, un poeta francés también tendente a la locura, el cual terminaría igualmente suicidándose. Poco después, en 1854, nacieron Oscar Wilde y Rimbaud. Destacaban por entonces en pintura Delacroix y Coubert, a quienes los impresionistas consideraron siempre como sus maestros.

En el año 1855 se celebró en París la Exposición Universal, en tanto que Pissarro se estableció en la capital francesa.

Flauvert, en 1857 escribía *Madame Bovary* y Baudelaire terminaba de redactar *Les fleurs du mal*.

Darwin publicó en 1859 su polémica obra *El origen de las especies*, mientras que Victor Hugo escribía *La leyenda de los siglos*.

El año 1860 apareció pletórico para las cuestiones artísticas. Millet pintó su obra *El ángelus*, en tanto que se celebraba en París una importante exposición de pintura, en la cual participaron el propio Millet, Delacroix, Corot y Coubert.

Durante el año 1861 Delacroix terminó la decoración de la capilla de los Santos Ángeles y Paul Cézanne llegó a París.

Entre 1862 y 1865, Degas pintaba sus primeros cuadros con carreras de caballos. En 1863 moría Delacroix. Manet expuso en el llamado Salón de los Rechazados el cuadro *Desayuno en la hierba*. Pissarro, que se presentó como alumno de Corot, expuso en el Salón. Nació Toulouse-Lautrec.

Durante el año 1866 nacieron Kandinsky y Ramón Casas. Courbet pintó *La guarida de los corzos*; Manet, en 1866, *El Pífano*, y en 1867, *Ejecución del emperador Maximiliano*, y Monet realizó su *Mujeres en el jardín* y *Camila con vestido verde*.

Durante el año 1867 Cézanne pintó *La trinchera en la montaña de Santa Victoria* y Renoir, *Lisa con la sombrilla*. En aquel año se produjo un gran revuelo en los medios artísticos parisinos debido a que los miembros que componían el jurado del Salón rechazaron, excepto a Degas, a todos los pintores que pronto pondrían en marcha el impresionismo.

Este autorretrato de la época de Saint-Rémy denota cierto abatimiento en su autor.

En 1869 se inició el movimiento impresionista, que marcaría una etapa de la vida de Van Gogh. Haremos un breve paréntesis aquí para explicar, en pocas palabras, en qué consistió este movimiento pictórico.

El impresionismo tuvo su origen en Francia durante el último tercio del siglo XIX. Fueron sus principales protagonistas Manet, Monet, Pissarro, Degas, Renoir y Cézanne, además de otros quizá de no tanto renombre. En realidad, el término «impresionismo» apareció como expresión peyorativa y fue creado por un periodista en una nota publicada con motivo de la primera exposición colectiva del grupo que se celebró en París en 1874, en la cual se presentaba una tela de Monet titulada *Impresión, sol naciente.*

En realidad, el impresionismo no fue una escuela consolidada, con un programa, sino un movimiento de rebelión en contra de las leyes tradicionales del academicismo realista. Frente a este academicismo, el sensualismo impresionista se basaba en la intuición personal, excluyendo todo conocimiento teórico. Ciertamente, esta libertad de creación chocó a los contemporáneos.

Los cuadros de los impresionistas —paisajes pintados al aire libre, interiores, retratos, bodegones—, con su voluntad de superar los convencionalismos académicos, demostraron que las sensaciones visuales estaban estrechamente ligadas a la vibración de la luz; que en la realidad no existe el clarooscuro académico hecho con sombras neutras, sino sólo contrastes de colores; que la forma-color de los objetos, por lo tanto, no es percibida de una flora clara y distinta, sino palpitante; que para encontrar un equivalente al brillo de los colores es necesario dividir —divisionismo o puntillismo— los tonos sobre la tela. En verdad, todos los impresionistas pintaron basándose en estos principios, aunque, lógicamente, cada uno de ellos imprimía su temperamento y personalidad.

Verdaderamente, podemos decir que el impresionismo no fue una corriente espontánea, sino que estuvo concienzudamente preparada por las investigaciones de una serie de artistas, entre los que cabe mencionar a Delacroix, a Coubert y a Corot, a los cuales, ya hemos dicho antes, los impresionistas consideraron sus maestros.

Los precedentes más inmediatos al impresionismo cabe buscarlos en los pintores al aire libre de la escuela de Barbizón; también en la pintura cada vez más fluida, aérea y coloreada de Monet entre 1860 y 1870; y en la modernidad de los temas de Manet.

El impresionismo, a su vez, preparó el terreno a investigaciones plásticas todavía más audaces, tales como el fauvismo e incluso el cubismo.

Durante el año 1870 Monet y Pissarro se instalaron en Londres. Cézanne pintó *Las colinas del estanque*, mientras Coubert trabajaba en su obra *El acantilado de Etretat*. Por otro lado, Fantin-Latour exponía en el Salón su cuadro *Un atelier en Batignolles*.

En el año 1872, Degas viajó a Nueva Orleáns y Pissarro se reunía con Cézanne en Anvers. A todo esto, Van Gogh iniciaba la correspondencia con su hermano, la cual duraría toda su vida. Pinturas importantes del año fueron: *Parisienses vestidas de argelinas* de Renoir; *El vestíbulo de la danza en la Ópera* de Degas; *Entrada de pueblo* de Pissarro...

En 1873 se fundó en París la Sociedad Anónima Cooperativa de Artistas Pintores, Escultores y Grabadores.

En 1874 se celebró en París la primera exposición impresionista. Van Gogh realizó, en el mes de octubre, un viaje a París. Al año siguiente Van Gogh se dedicaba a leer la Biblia de forma apasionada, en tanto que también durante aquel año morían Corot y Millet.

Durante el año 1876 Van Gogh se trasladó a vivir a París. Se celebró, también, la segunda exposición impresionista y Gauguin era admitido en el Salón.

En 1878 Duret publicó la obra *Los pintores impresionistas*.

En 1880, Van Gogh descubre que ha nacido para pintar, y así lo comunica a su hermano Théo por medio de una carta.

Durante el año 1881 los impresionistas celebraban ya su sexta exposición. Y Van Gogh era alentado por el pintor Anton Mauve.

En el año 1883, Renoir, Píssarro, Sisley y Manet celebraron exposiciones individuales en Durand-Ruel. Gauguin tomó la decisión, como poco antes había hecho Van Gogh, de dedicar su vida a la pintura.

Al año siguiente, Seurat pintó su cuadro *La Grande-Jatte* y Degas pintó *Las Planchadoras*.

En 1885 sucede la muerte del padre de Van Gogh, y éste pintó *Los comedores de patatas*. Faltaba ya poco menos de un año para que Van Gogh descubriera la pintura de Rubens. Precisamente, en 1886 se celebró la última exposición de los impresionistas. Toulouse-Lautrec se estableció en Montmartre. También ese año fue el de la llegada de Van Gogh a París.

Ya en 1887 Van Gogh se sintió influenciado por los impresionistas. Gauguin se embarcó rumbo a Panamá. Toulouse-Lautrec pintó su *Retrato de Van Gogh*; Seurat pintó *La Parada* y Van Gogh *La Butte Montmartre*.

Durante el año 1889 Van Gogh vendió por cuatrocientos francos su cuadro *La vida roja*, el único que fue comprado en vida del artista, en la exposición de los XX en Bruselas. Van Gogh ya ha dejado de interesarse por el impresionismo y, en cambio, se decanta más por el expresionismo. El término «expresionismo» define las características de cualquier obra de arte en la que el impulso emocional del autor se expresa violentamente, deformando las imágenes hasta la hipérbole. Históricamente, la palabra expresionismo fue de creación alemana que, por oposición al impresionismo, calificó todas las manifestaciones pictóricas revolucionarias que se dieron entre 1910 y 1920. Pero, ciertamente, un primer movimiento expresionista se produjo entre 1885 y 1900, que fue ligado al Modern Style y que tuvo sus principales representantes en Van Gogh y Toulouse-Lautrec.

Finalmente, en 1890 murió el genio de la pintura Vincent van Gogh.

CAPÍTULO XXVII

RELACIÓN DE CUADROS Y DIBUJOS DE VINCENT VAN GOGH

El Canal. Bruselas, 1880.

Al borde de un canal. Borinage y Bruselas, 1880-1881.

El Camino. Borinage y Bruselas, 1880-1881.

Estudio de árbol. La Haya, abril 1882.

Hombre con pala. La Haya, enero 1882.

Pesar. La Haya, noviembre 1882.

Los Tejados. La Haya, julio 1882.

Camino de Loosduinen. La Haya, julio 1882.

Mujer con la cafetera. 1881.

Viejo en el hospicio. La Haya, octubre 1882.

Mujer barriendo. La Haya, 1881-1883.

Mujer y su hijita. La Haya, 1881-1883.

Aldeana empujando una carretilla. La Haya, 1881-1883.

Joven esposa de pescador. La Haya, 1881-1883.

Cabeza de aldeana. Nuenen, enero 1885

Hombres y mujeres trabajando, empujando carretillas y llenando cestos. La Haya, abril-mayo 1883.

Viejo lobo de mar. La Haya, enero 1883.

Hijita sentada. La Haya, enero 1883.

Paisaje de otoño. Nuenen 1885.

Vista de la ventana de su taller. La Haya, marzo 1883.

Choza a la caída de la tarde. Nuenen, mayo 1885.

El Tejedor. Nuenen, mayo 1884.

Calle de Eindhoven. Nuenen, noviembre 1884.

El taller de Van Gogh en el jardín del prebisterio de Nuenen. Nuenen, 1884.

Naturaleza muerta con sombrero de paja amarilla. Nuenen, 1884.

La venta de leña. Nuenen, enero 1884.

Las comedoras de patatas. Nuenen, abril-mayo, 1885.

La plaza del mercado de Amberes. Amberes, 1885-1886.

La flecha de la catedral. Amberes, 1885.

Rincón de calle en Amberes. Diciembre, 1885.

Cabeza de hombre. Amberes, 1885-1886.

Cabeza de anciano. Amberes, 1885-1886.

Siete esbozos de mano. Amberes, 1885-1886.

Vista del jardín de las Tullerías. París, 1886-1888.

La terraza de las Tullerías. París, 1886-1888.

Vista de París. París, 1886-1888.

Mujer desnuda acostada. París, 1886-1888.

El molino de la Galette. París, 1886-1888.

Montmartre. París, 1886.

Vista de Montmartre. París, 1886.

Naturaleza muerta con zapatos. París, 1886-1888.

Retrato del père Tanguy. París, 1887.

La pesca en primavera. París, 1886-1888.

El restaurante de la Sirena. París, 1887.

Campo de trigo con alondra. París, 1887.

El catorce de julio en París. París, julio 1887.

Retrato del artista con sombrero blanco. París, 1887.

Retrato del artista. París, 1887.

Retrato del artista. París, enero 1888.

El puente de Langlois. Arlés, mayo 1888.

Vergel en primavera. Arlés, abril 1888.

Melocotoneros en flor. Arlés, abril 1888.

La casa de Vincent en Arlés. Arlés, septiembre 1888.

La vista de Arlès con lirios. Arlés, mayo 1888.

Retrato del doctor Gachet, el médico y entendido en pintura que fue su amigo y protector de Auvers.

Matorrales. Arlés, agosto 1888.

Barcas en Saintes-Maries. Arlés, junio 1888.

Un tejar. Arlés, hacia abril 1888.

El café por la tarde. Arlés, septiembre 1888.

Café de Arlés. Arlés, 1888.

Retrato de una joven con fondo rosa. Arlés, agosto 1888.

Retrato de Armando Roulin. Arlés, noviembre 1888.

El cartero Roulin. Arlés, agosto 1888.

La Arlesiana Madame Ginoux. Arlés, noviembre 1888.

La Mousmé. Arlés, julio 1888.

Noche estrellada en el Ródano. Arlés, septiembre 1888.

El café de noche. Arlés, septiembre 1888.

Jardín público de Arlés. Arlés, octubre 1888.

La cosecha cerca de Arlés. Arlés, febrero 1888.

La Crau vista desde Montmajor. Arlés, mayo 1888.

La Cosecha. Arlés, junio 1888.

El Sembrador. Arlés, octubre 1888.

Los laureles rosa. Arlés, agosto 1888.

El Paseo (recuerdo del jardín de Etten). Arlés, noviembre 1888.

Los viñedos rojos. Arlés, noviembre 1888.

Retrato del artista, dedicado a Gauguin. Arlés, septiembre 1888.

La silla de Van Gogh. Arlés, diciembre 1888.

El hombre de la pipa. Arlés, enero-febrero 1889.

Retrato del artista, con la oreja cortada. Arlés, enero 1889.

En la mecedora. Arlés, enero-marzo 1889.

Tornasoles. Arlés, agosto 1888.

Retrato del doctor Rey. Arlés, enero 1889.

Naturaleza muerta. Arlés, enero 1889.

Campo de Arlés. Arlés, 1888.

El jardín del hospital de Arlés. Arlés, abril-mayo 1889.

Jardín de Provenza. Arlés, 1888.

Avenida del jardín público de Arlés. Arlés, 1888-1889.

Jardín con cardos. Arlés, octubre 1888.

Sala de hospital en Arlés. Saint-Rémy, octubre 1889.

Vestíbulo del hospital Saint-Paul. Saint-Rémy, 1889.

Vista de Saint-Rémy. Saint-Rémy, 1889-1890.

Jardín de Saint-Rémy. 1889-1890.

Seis pinos en un vallado. Saint-Rémy, 1889-1890.

Dos aldeanos encorvados cavando. Saint-Rémy, mayo 1889-mayo 1890.

El Sembrador. Saint Rémy, mayo 1889-mayo 1890.

El Árbol. Saint-Rémy, 1889-1890.

Un bosquecillo. Saint-Rémy, 1889-1890.

El Segador. Saint-Rémy, mayo 1889-mayo 1890.

Campo de trigo en Alpilles. Saint-Rémy, junio 1889.

Paisaje. Saint-Rémy, 1889-1890.

Olivares. Saint-Rémy, 1889-1890.

En la carretera. Saint-Rémy, mayo 1889-mayo 1890.

La Calesa. Saint-Rémy, 1889-1890.

Interior. Saint-Rémy, 1889-1890.

Aldeanos a la mesa. Saint-Rémy, 1889-1890.

Dos campesinos. Saint-Rémy, mayo 1889-mayo 1890.

Cabañas al borde de la carretera. Saint Rémy, 1889-1890.

Paisaje. Saint-Rémy, 1889-1890.

Grupo de pinos. Saint-Rémy, mayo 1889-mayo 1890.

Campesino joven. Saint-Rémy, mayo-junio 1889.

Campo de trigo con segador. Saint Rémy, octubre 1889.

Los Lirios. Saint-Rémy, mayo 1889.

El vallado al sol poniente. Saint-Rémy, mayo 1889.

La noche estrellada. Saint-Rémy, junio 1889.

Campo de olivos. Saint-Rémy, septiembre-octubre 1889.

Los trigos amarillos. Saint Rémy, octubre 1889.

Campo de trigo con ciprés. Saint-Rémy, junio 1889.

La habitación de Van Gogh en Arlés. Saint-Rémy, septiembre 1889.

El Colegial. Saint-Rémy, enero 1890.

Retrato de un actor. Arlés, 1888.

Retrato del artista. Saint-Rémy, 1889.

Retrato del artista delante de su caballete. Saint-Rémy, septiembre 1889.

Los Pavimentadores. Saint-Rémy, noviembre 1889.

El camino de los cipreses. Saint-Rémy, mayo 1890.

El campo de amapolas. Saint-Rémy, abril 1890.

La Arlesiana. Saint-Rémy, enero-febrero 1890.

En el umbral de la eternidad. Saint-Rémy, mayo 1890.

La ronda de los presos. Saint-Rémy, febrero 1890.

Naturaleza muerta con lirios. Saint-Rémy, mayo 1890.

Retrato del doctor Gachet. Auvers, 15 mayo 1890 (dibujo).

Retrato del doctor Gachet. Auvers, junio 1890.

Vista del pueblo. Auvers, junio 1890.

El jardín del doctor Gachet. Auvers, mayo 1890.

Chozas de Cordeville. Auvers, junio 1890.

El jardín de Daubigny. Auvers, julio 1890.

La iglesia de Amberes. Auvers, mayo-junio 1890.

Retrato del artista. Auvers, mayo-junio 1890.

Las Gavillas. Auvers, julio 1890.

Campo de trigo con cuervos. Auvers, julio 1890.

La alcaldía de Auvers. Auvers, julio 1890.

Uno de los últimos autorretratos de Van Gogh (Auvers, junio de 1890).

CRONOLOGÍA

1852 — Nace un primer hijo de los Van Gogh que fallece a las 6 semanas.

1853 — El 30 de marzo, nace Vincent van Gogh.

1857 — El 1 de mayo nace Théo, hermano de Vincent.

1860 — Vincent dibuja una granja con cobertizo, para el aniversario de su padre.

1862 — El 11 de enero dibuja el *Puente de Piedra*.
— El 5 de setiembre, dibuja *La lechera*.
— El 9 de octubre, dibuja *Perro labrador*.
— El 8 de diciembre, dibuja *Pastor con rebaño*.

1863 — El 22 de agosto, dibuja el *Capitel corintio*.

1866 — Realiza varios estudios florales y abandona el internado.

1868 — El 14 de marzo sale de Tulburg y regresa a Zundert, su pueblo natal.

1869 — El 30 de julio entra a trabajar en la galería Goupil, en La Haya, cuyo director era Tersteeg.

1871 — El 29 de enero su familia se traslada a Helvoirt.

1872 — En agosto inicia su copiosa correspondencia con su hermano Théo.

1873 — El 13 de junio es trasladado a la sucursal de Londres, de la casa Goupil.

1875 — El 15 de mayo realiza su primer viaje a París.
— El 22 de octubre, la familia Van Gogh se traslada a Etten.

1876 — El 1 de abril abandona París, despedido de su empleo allí.
— El 17 de abril llega a Ramsgate.
— El 1 de julio se convierte en *London-missionary*.

1877 — El 1 de enero viaja a Etten.
— El 9 de mayo se instala en Amsterdam.

1878 — En diciembre, marcha a Borinage para ejercer su misión religiosa.

1879 — El 16 de abril hay una explosión de grisú en una mina de Frameries.
— El 15 de octubre se instala en Bruselas.

1881 — Vincent van Gogh marcha a Holanda.
— En el mes de agosto, conoce a Kee Vos.
— En noviembre se va a Amsterdam para ver a Kee Vos.
— En el mes de diciembre, conoce a Sien.

1882 — En julio nace el hijo de Sien.
— En agosto, Vincent recibe la visita de Théo.

1883 — Separación de Vincent y Sien.

1884 — Vincent llega a Nuenen.
— En el mes de mayo recibe la visita de Van Rappard.

1885 — El 26 de marzo fallece su padre de apoplejía.
— El 27 de noviembre sale Vincent de Nuenen con dirección a Amberes.

1886 — El 18 de enero ingresa en la Academia de Bellas Artes de Amberes.
— En el mes de marzo se traslada a París.

1886 — El 22 de junio, fallece el pintor Monticelli.
— En otoño, Vincent traba amistad con Paul Gauguin.

1887 — El 14 de julio le inspira su primera obra «fauve».
— En otoño envía una carta muy larga a su hermana Wilhelmina.

1888 — El 21 de febrero, llega a Arlés, con nieve.
— El 24 de diciembre, lanza un vaso de abscenta a Gauguin, y se corta el lóbulo de la oreja, que regala a la prostituta Gaby, de Arlés.
— Ingresa en el hospital de Arlés.

1889 — El 3 de mayo ingresa en el asilo de Saint-Paul-de-Mausoile, en Saint-Rémy.
— Durante el año sufre grandes crisis alternas.
— El 14 de agosto, el doctor Peyron manda un aviso a Théo.

1890 — En enero aparece el artículo de Albert Aurier, elogiando cálidamente a Van Gogh.
— El 1 de febrero. nace el hijo de Théo y Johanna.
— El 14 de febrero, Mademoiselle Anna Boch adquiere por 400 francos el cuadro «Viña roja».
— En mayo se traslada nuevamente a París.
— El 20 de mayo parte hacia Auverssur-Oise.
— El 8 de junio, Théo, Johanna y el pequeño Vincent, visitan al pintor en Auvers.
— En el mes de julio comete la tentativa de suicidio.

1890 — El día 28 pasa la jornada muy tranquilo.
— El día 29 fallece Vincent van Gogh.
— El día 30 es enterrado.

1891 — El día 21 de enero fallece Théo van Gogh.

ÍNDICE